읽기, 듣기, 쓰기로 완성하는
초등 학년별 영어 공부 전략

영어 문해력을
키우는
루틴의 힘

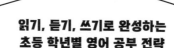

읽기, 듣기, 쓰기로 완성하는
초등 학년별 영어 공부 전략

영어 문해력을 키우는 루틴의 힘

정현진 지음

서 사 원

평생 영어 습관,
초등 6년에 결정됩니다

중학교 입학 직전인 6학년 겨울방학, 나는 방문 학습지를 통해 처음으로 영어 사교육을 받았다. 어느 날 교재에 나온 영어 문장을 소리 내 읽는데, 선생님이 이렇게 말했다.

"발음이 너무 촌스럽다, 얘!"

얼마나 창피했던지 발음을 지적당한 그 문장이 아직도 기억난다.

'The car is on the street.'

카세트테이프 속 'street'와 교재에 쓰인 한글 표기 '스트리트'의 발음은 너무도 달랐다. 그때부터 우리말에 없는 영어 소리(r/l, v/f 등)를 혼자 연습했다. 〈굿모닝팝스〉 같은 방송도 꾸준히 찾아 들었다.

대학에서 영어 교육을 전공한 뒤 2011년 핀란드에서 교육학 석사 공부를 시작했다. 학위 과정 중 인턴십으로 외국인들에게 한국어를 가르칠 기회도 있었는데, 외국어를 가르치고 배운다는 것에 대해 또 다른 시각을 얻을 수 있는 귀중한 경험이었다.

초등 교육 현장에 있는 동안 교사들의 영어 수업 연구 모임에서 꾸준히 공부했다. 지역의 거점 영어센터에서 일반 초등 교육 과정과 별개로 온전히 영어와 관련한 프로그램도 운영해볼 수 있었다. 영어를 가르치며 수업 연구 대회에서 입상하는 등 재미와 보람도 컸지만, 주어진 시간 내에 영어를 가르치는 데 한계도 느꼈다.

'부족한 수업 시간을 채울 수 있는 것은 결국 사교육뿐일까?'

이런 의문이 들 때쯤 '잠수네 아이들'이나 '엄마표 영어' 책들을 만났다. 그러면서 영어 습득의 핵심이 '적절한 교수 방법'에 더해진 '의미 있는 노출량'임을 깨달았다.

교사 생활 20여 년 중 절반은 영어 전담교사였지만, 절반은 담임교사였다. 영어 전담교사일 때는 즐겁고 재미있는 영어 수업이 최우선 과제지만, 담임교사일 때의 우선순위는 다르다. 후자일 때는 반 아이들의 기본적인 학습뿐만 아니라 생활 습관과 태도를 기르는 게 가장 중요하다. 충분한 수면, 건강한 식생활과 신체 활동, 가족과 따뜻한 유대관계와 상호작용, 규칙적인 생활 습관이 뒷받침되어야 영어를 비롯한 개별 과목의 학습도 장기적인 발전을 기대할 수 있기 때문이다.

교과목 공부에서는 문해력과 표현력이 가장 중요하다. 둘 다 한국어로도 익히기 어려운 능력으로 수년간의 연습과 주변 어른들의 정서적 지지가 필요하다.

개인적인 경험과 학교 현장에서 느낀 영어 공부의 핵심은 '나에게 맞는 방법으로 꾸준히 하는 것'이다. 자녀에게 맞는 영어 공부 방법을 찾으려면 아이의 관심사와 특성을 이해해야 한다. 더불어 생활 속에서 영어가 습관이 돼야 한다. 그래야 꾸준히 공부할 수 있다. 이 모든 과정이 즐거워야 함은 두말할 필요도 없다. 이를 위해 이 책에서는 취학 전부터 초등학교 전 학년에 걸쳐 부모가 아이의 영어 학습에 대해 큰 그림을 그리고, 구체적으로 실천할 수 있도록 다양한 방법을 담았다.

유초등 시절에 부모가 어떻게, 무엇으로 영어 환경을 만들어야 하는지를 주로 다루고 있기 때문에 특히 아이의 영어 교육에 대한 고민을 막 시작한 부모에게 이 책을 추천한다. 영어 공부의 전체 흐름을 잡는 데 도움을 주면서도 그때그때 필요한 부분을 참고할 수 있는 길라잡이가 되어줄 것이다.

제시된 이정표를 따라가면 누구나 이 책의 목표 수준에 다다를 수 있겠지만, 영어라는 길을 걷는 아이들은 저마다 다르다. 시행착오와 실패가 당연한 과정임을 받아들이자. 부모의 계획에 아이를 맞추지 말고, 아이에게 맞춰 계획을 수정해나가자. 처음에는 부모의 도움을 받더라도 훗날 아이 스스로 자기만의 영어 로드맵을 완성해내길 바란다.

목 차

CHAPTER 1

우리 아이 영어, 시작하기 전에

CHAPTER 2

생후 0~3세, 영어를 많이 들려주자

CHAPTER 5

2학년, 영어 루틴을 정착시킬 황금기

CHAPTER 6

3학년, 공교육 영어 교육의 시작

CHAPTER 7

4학년, 자기주도적 공부 루틴 재정비하기

CHAPTER 8

5·6학년, 원서 자료 활용해 영어 문해력 잡기

CHAPTER 1

우리 아이 영어,
시작하기 전에

부모들이 아이의 영어 교육을 고민하는 이유

이 책을 펼쳐들었다면 현재 자녀의 영어 교육을 고민 중일 것이다. 언제 어떻게 시작해야 하는지, 우리 아이만 늦은 건 아닌지, 사교육비는 얼마나 써야 하는지… 아마도 막연한 불안감에 휩싸여 있지 않을까. 이 같은 불안을 해소하기 위한 첫 단추는 그 문제가 왜 중요한지 냉정하게 들여다보는 것이다.

'우리 아이 인생에서 영어는 왜, 얼마나 중요한가?'

영어 교육에는 장기적으로 시간과 자원을 투자해야 하니 한 번쯤 깊이 고민해볼 필요가 있다. 일반적인 한국 가정에서 그 대답은 크게 2가지로 귀결된다. 영어 시험을 잘 보는 것, 그리고 실생활에서 사용할 수 있는 영어를 익히는 것이다.

🎓 학교 시험, 수능에서 고득점 받으면 좋겠어요

한국 교육에서 영어는 '국영수'로 불리는 주요 교과목 중 하나다. 내신과 수능에서도 중요하지만, 취업과 회사 내 승진에도 공인 영어시험 성적을 활용하는 곳이 많아 영어 점수를 잘 받으면 한국에서 살아가는 데 유리한 점이 많다. 이를 몸소 겪은 부모일수록 자녀가 어릴 때부터 영어를 가르치려는 경향이 있다.

입시 영어의 정점인 수능 영어를 보자. 2018년에 수능 영어가 일정 점수만 넘으면 모두 동점 처리되는 절대평가로 바뀐 이후 영어의 변별력은 국어, 수학과 비교해 전보다 줄어들었다. 무의미한 경쟁과 학습 부담, 과도한 사교육비 부담을 줄이겠다는 취지였다. 그 취지대로 영어 사교육비 부담은 과연 줄었을까? 통계청의 〈2022년 초중고 사교육비 조사 결과〉를 보면, 사교육 참여 학생 월평균 사교육비 지출은 영어(23만 6,000원), 수학(22만 원), 국어(13만 7,000원) 순이었다.[1] 여전히 영어 사교육비가 가장 높다. 그런데 2023학년도 수능 영어 1등급 비율은 7.83퍼센트로 100명 중 8명이 채 되지 않는다.[2] 2023학년도 6월 모의고사 영어 1등급 비율은 5.7퍼센트다.[3] 여전히 수능 영어 1등급은 뚫기 어려운 관문이다.

여기서 끝이 아니다. 소위 '실용 영어'라 불리는 실제 써먹을 수 있는 영어를 배우기 위해 성인이 되어서도 다시 영어를 공부하는 경우가 많다. 영어의 무한 굴레다.

🏠 사교육비 1등 과목 영어, 실제로 사용할 수 있는가

영어는 세계에서 가장 많이 사용되는 언어다(2022년에 가장 많이 사용된 언어인 영어의 화자 수는 약 14억 5,200만 명이다).[4] 이는 영어로 인한 기회의 폭이 그만큼 넓다는 뜻이다. 해외여행은 물론이고 세계의 우수 교육기관에서 공부할 기회, 취업 기회, 최신 지식과 기술을 접할 기회까지 다양하다.

앞서 나온 통계를 토대로 초등 5학년부터 고등 2학년까지 7년 동안 영어 사교육비를 계산해 보면 대략 2,000만 원 정도다(23만 6,000원×12개월×7년=1,982만 4,000원). 대부분 5학년보다 일찍 사교육을 시작하니 실제로는 훨씬 더 많을 것이다. 문제는 입시 위주의 영어 공부를 하다 보니 영어로 실제 의사소통을 하는 기회는 턱없이 부족하다는 것이다.

입시 제도의 개선이 필요하다는 데는 모두가 동의하지만 거대 제도의 변화 속도는 느리다. 그러니 부모가 먼저 의사소통의 도구이자 언어라는 영어의 '본질'을 알고 영어 교육을 바라봐야 한다. 그래야 어떠한 입시 제도의 변화에도 흔들리지 않고 실생활에서도 쓸 수 있는 진짜 영어를 익힐 수 있다. 여기서 핵심은 '어릴 때부터 의미 있는 영어 노출량 늘리기'에 있다. 기관에서 영어 수업을 받든, 집에서 엄마표 영어를 하든 이 핵심은 동일하다.

우리나라에서 영어는 외국어이기 때문에 모국어처럼 생활 속에서 자연스럽게 습득할 수 없다. 영어 노출량을 늘리려면 아이와 친밀한 대상인 부모가 함께 가정에서 영어 환경을 조성하고 우리 집 문화로 만드는 것이 가장 효과적이다. 본격적인 학습이 시작되는 초등학교 무렵부터는 가정에서의 학습 습관과 태도가 향후 공부 방향을 결정한다고 해도 과언이 아니다. 이는 엄마표 영어와 맥을 같이 하지만, 현실적인 상황에 맞춰 사교육도 필요하다면 이용할 수 있다.

이제 우리는 인정해야 한다. 특정 프로그램에만 등록하면 영어가 해결되는 '마법 열쇠'는 없다. 언어를 익히는 데에는 절대적인 노출 시간이 필요하다. 영어 환경 만들기는 초반에는 부모가 주도하는 것이 맞지만, 점차 아이가 자기 주도적으로 영어 습관을 들이게끔 해야 한다. 부모는 각 아이에게 맞는 영어 공부법을 찾을 수 있도록 돕는 조력자다. 그리고 '엄마표 영어'라는 용어는 엄마에게 아이의 영어 공부에 대한 과도한 책임을 지우고, 이를 정당화할 우려가 있다. 따라서 집에서 장기적으로 하는 영어, '홈 잉글리쉬Home English'라는 용어가 더 적절하다고 본다.

부모로서 아이에게 충분히 도움이 되지 못한다는 죄책감, 우리 아이만 뒤처지지는 않을까 하는 불안감부터 내려놓자. 바쁜 시간을 쪼개 이 책을 읽는 것 자체가 이미 노력이다. 아이를 위한 영어 환경을 만드는 과정이 쉽지는 않지만 초반에 기틀을 잘 마련한다면 결실은 복리식으로 돌아올 것이다. 단계마다 책에서 제시하는 방법을 하나씩 따라가다 보면 생각만큼 어렵지 않다고 느낄 수 있다. 그럼 본격적으로 영어 환경을 만들기 전에 짚고 넘어가야 할 것들을 몇 알아보자.

영어 환경 만들기의
궁극적인 목표

이 책에서는 초등 영어 공부의 목표를 크게 3가지로 잡았다.

첫째, 초등학교 졸업 무렵 좋아하는 영어 책과 영상을 편하게 읽고 볼 수 있다.

둘째, 나이에 맞게 생각과 감정을 영어로 표현할 수 있다.

셋째, 학교 시험과 수능에서 고득점을 받을 수 있을 만큼 영어 학습의 기초를 다진다.

그런데 위 3가지보다 더 중요한 목표가 있다. 이는 〈초·중등학교 교육 과정 총론〉에서 초등 영어 교육의 목표 첫 줄에 나와 있다.

초등학교 영어는 학습자들이 영어 학습에 흥미와 자신감을 가지고 일상생활에서 사용되는 기초적인 영어를 이해하고 표현하는 능력을 길러 영어로 의사소통할 수 있는 기초를 마련한다.[5]

초등 혹은 그 이전에 영어 학습을 시작할 때는 절대로 '흥미와 자신감'을 놓쳐서는 안 된다. 그럼 3가지 목표를 하나씩 살펴보자.

첫째, 좋아하는 영어 책과 영상을 편하게 읽고 볼 수 있으려면 영어권 국가의 또래 아이들과 영어 읽기 수준이 비슷하거나 차이가 적어야 한다. 현재 우리나라 초등 영어 교과서 수준보다 훨씬 높게 잡은 목표지만, 아이의 독서 습관이 잡혀 있고 영어 노출량이 많다면 충분히 도전할 만하다.

둘째, 나이에 맞게 생각과 감정을 영어로 표현하려면 2가지가 필요하다. 일단 표현 재료인 영어에 충분히 노출되어야 한다. 더불어 한국어로 자기 표현이 자연스러워야 한다. 두 번째 목표는 영어 외에 아이의 성향, 감정의 영향을 많이 받는 부분이다.

첫 번째와 두 번째 목표는 '이해와 표현'이라는 언어의 본질에 충실한 반면, 세 번째 목표를 이루려면 철저하게 우리나라 입시에 맞춰 영어를 공부해야 한다. 입시 요구 사항을 정확히 알고, 전략적으로 준비해야 한다. 입시 영어 공부가 재미있기는 어렵지만, 앞의 두 목표를 따라 충실하게 공부해왔다면 마지막 목표도 이루기가 수월해진다. 취학 전부터 초등 중학년까지는 우선 첫 번째와 두 번째 목표에 집중하자. 입시는 고학년부터 준비해도 늦지 않다.

⚉ 영어보다 중요한 것

한국에 살면서 원어민처럼 영어에 능숙해지려는 것은 목표의 가성비가 너무 떨어진다. 이 시기에 발달해야 할 다른 영역을 제쳐두고, 영어 교육에만 몰두하면 부작용도 생길 수 있다. 부모가 어느 정도 언어 발달 단계와 외국어 습득, 학습의 기초에 대해 알아두면 괜한 불안감에 귀중한 시간과 자원을 낭비하지 않을 수 있다.

아이에게 영어 공부는 부모와 유대관계를 형성하며 상호작용하는 즐거운 경험이어야 한다. 영어 노래, 책, 영상 모두 그러한 경험을 위한 매개체다. 만약 아이가 지나치게 스트레스를 받는다면 영어 공부를 아예 하지 않느니만 못하다. 부모 역시 영어 교육을 하는 데 괴롭고 힘든 감정이 앞선다면 잠시 멈춰야 한다. 영어는 학습 대상이기 이전에 사고와 감정을 표현하는 도구다. 특히 어린아이들은 감정적, 정서적으로 편안한 환경에서 유대관계가 있는 대상과 상호작용할 때 언어를 가장 잘 받아들인다.

아이에게 영어 그림책을 읽어주고, 함께 영어 영상과 노래를 보고 듣는 것은 가족 구성원 전체에게 영향을 미친다. 따라서 영어 노출 환경을 조성하려는 필요성에 부모 모두 공감하는 과정이 꼭 필요하다. 영어 환경 만들기가 부모 중 어느 한 사람만의 희생이어서는 절대로 안 된다. 혹시라도 직접 참여하기 어렵다면 배우자를 지지하고 응원해주자.

영어는 긍정적인
감정 위에 뿌리내린다

🎓 긍정적인 감정이 내적 동기로 이어지도록

'어떤 감정으로 처음 접하느냐'는 영어를 대하는 아이의 태도에 평생 영향을 미친다. 긴장과 강압 속에서 접해 영어가 싫어진 아이는 영어를 아예 모르는 아이보다 지도하기 훨씬 어렵다. 그러므로 부모로서 영어에 관해 줄 수 있는 최고의 도움은 자녀가 영어에 흥미와 관심, 호기심을 갖게끔 하는 것이다.

어떻게 해야 아이가 영어에 흥미를 가질 수 있을까? 크게 2가지 방향에서 접근할 수 있다.

첫째, 아이가 좋아하는 소재(장난감, 색깔, 동물, 운동, 캐릭터 등)에 관한 영어 그림책이나 영상, 노래를 자주 접하게 만드는 것이다. 아이가 자동차를 좋아한다면 탈것이 여럿 등장하는 영어 그림책을 읽어주고, 등장인물이나 그림에 대해 이야기해보자. 아이가 색칠하기를 좋아한다면 자동차 그림을 색칠하게 해보자. 만들기를 좋아한다면 종이접기나 클레이, 블럭을 활용한 자동차 만들기도 괜찮다. 아이가 좋아하는 것과 자연스럽게 연결해 영어를 긍정적인 기억으로 남도록 만들자.

둘째, 세상에는 우리와 피부색, 생김새가 다르고 한국어가 아닌 다른 언어를 쓰는 사람들이 많다는 사실을 경험으로 깨우쳐주는 것이다. 해외여행이나 국내 거주 외국인들이 주최하는 행사 참여 등으로 말이다. 간접 경험도 괜찮다. 사진, 지도, 지구본, 세계 문화나 자연을 다룬 영상, 애니메이션을 보고 대화해보자. 오늘날 우리는 안방에서도 얼마든지 다른 문화권에 대해 접할 수 있다.

🏠 아이가 영어를 거부할 때는 어떻게 할까

영어가 우리 삶과 깊숙이 관련되어 있을 뿐만 아니라 유용한 도구임을 자연스럽게 깨우치면, 아이가 먼저 배우고 싶어 할 수도 있다. 이른바 내적 동기가 생기는 것이다. 내적 동기가 있는 아이들은 어려운 과제나 학습도 수월하게 받아들인다. 하지만 아이가 어느 날 갑자기 이렇게 말할 수도 있다.

"영어 싫어. 그만 볼래, 틀지 마."

아이들이 영어를 거부하는 원인은 보통 2가지다.

첫째, 아이의 자아와 인지 발달 수준이 높아지고 모국어 실력이 늘면서 상대적으로 잘 이해되지 않는 영어 콘텐츠(책, 영상)가 답답해진 경우다. 이는 아이가 접하는 한국어와 영어 콘텐츠 수준이 비슷해지기 전까지는 언제든지 겪을 수 있는 문제다. 만약 내용이 쉽게 이해되지 않아 거부하는 것이라면, 한국어로 먼저 보여주거나 즐겨보던 영어 콘텐츠를 반복하며 한 박자 쉬어가는 것도 방법이다.

둘째, 부모의 기대나 욕심이 앞서 아이를 몰아세웠을 수도 있다. 언어를 배울 때 감정은 정말 중요하다. 영어를 기관에서 배운다면 그곳 분위기, 교사와 친구들과의 관계 등도 점검해야 한다. 강요와 강압은 아이 정서에 치명적이다. 이런 이유로 영어를 거부하는 아이들은 나중에 영어를 싫어하게 된다. 영어를 일찍 시작한 것이 오히려 독이 되는 셈이다.

아이가 영어 공부를 거부한다면 아이에게 직접 물어보자. 거부와 같은 강한 의사 표현은 아이의 마음을 자세히 들여다볼 기회이기도 하다. '지금은 한 걸음 물러서서 다시 점검해야 하는 단계구나'라고 생각하자. 이 시기를 잘 지나가면 대부분 아이 실력이 한 계단 올라간다.

🎓 보상을 적절히 지혜롭게 활용하자

외국어를 듣고, 읽기란 어려운 일이다. 그러니 힘든 과정을 잘 따라오는 아이를 충분히 칭찬하고 격려해야 한다. 적절한 보상도 도움이 된다. 거창하지 않아도 된다. 물질적인, 과한 보상은 지속적으로 더 큰 보상을 기대할 위험이 있다. 그러므로 첫 번째 보상은 늘 아이의 행동에 대한 구체적이고 진심이 담긴 칭찬이어야 한다.

"노래를 정말 신나게 부르네!"

"이 책을 끝까지 다 보다니 정말 대견하다!"

스티커 판 활용도 효과적이다. 공부를 마칠 때마다 스티커를 붙이면 성취감을 맛볼 수 있다. 스티커를 다 채운 뒤 구체적인 보상 기준은 아이와 함께 정하는 것이 좋다. 그래야 아이가 원하는 보상을 줄 수 있다.

'보상이 없어도 자기 할 일은 당연히 해야 하는 것 아닌가?'

이렇게 생각한다면 어린아이에게 성인도 지키기 힘든 기준을 요구하는 것이다. 아이들이 뭔가를 열심히 하는 이유는 다양하다. 재미있어서일 수도 있지만, 부모의 기뻐하는 얼굴을 보거나 칭찬받고 싶어서 하기도 한다. 상을 받고 싶어서일 때도 있다. 모두 아이들에게는 자연스럽고 당연한 일이다.

🎓 부모의 감정도 중요하다

집에서 영어 환경을 만드는 과정에서 부모가 느끼는 감정도 스스로 잘 살피고 보듬어야 한다. 우리나라 사람들은 유난히 영어에 대해 '잘한다, 못한다' 엄격한 기준을 들이댄다. 그런데 정규 학교 교육을 어느 정도 받은 사람이라면 자기 생각만큼 영어를 '못하지' 않는다. 특히 아이 앞에서 "나는 영어를 못해"라는 말은 금기어다. 부모가 하는 영어도 다양한 영어의 모습 중 하나일 뿐이다.

영어를 배우는 목적과 연 단위 정도의 목표는 생각하되, 매일 조금씩 하는 것을 최우선으로 하자. 처음부터 너무 높은 기준과 빡빡한 계획을 세우면 부모가 먼저 지칠 수도 있다. 그날그날 아이와 함께하는 시간에 집중하며, 부모와 아이가 '할 수 있는 만큼'만 꾸준히 하자. 아이의 집중 시간은 짧고, 부모의 체력도 한계가 있다.

🎓 부모부터 영어와 친해지자

100세 시대라는 말이 어색하지 않은 요즘, 외국어 공부는 나이와 관계없이 시작하고 지속할 수 있는 최고의 자기계발이다. 뇌를 골고루 자극해 노화를 방지하고 삶에 활력을 준다. 영어가 아이에게 새로운 가능성과 세계를 열어주듯, 부모도 영어 공부를 하며 인식과 능력의 지평을 넓힐 수 있다.

《손미나의 나의 첫 외국어 수업》의 저자이자 5개 국어가 가능한 여행 작가 손미나는 외국어 공부가 또 다른 세계를 여는 것과 마찬가지라고 했다. 《영어책 한 권 외워봤니?》를 쓴 김민식 PD도, 마흔 넘어 영어 공부의 즐거움을 말한 김미경 작가도, 여행 가서도 영어 공부를 한다는 배우 김희애 씨도, 64세로 토익 만점을 받아 화제가 된 정윤선 씨도 마찬가지다. 다들 나이와 상관없이 외국어 공부의 즐거움을 이야기하며 영어 공부 자체가 삶의 활력을 줄 수 있다는 사실을 증명한다.

🎓 습관 만들기는 하루 30분부터

자녀에게 영어 환경을 만들어주려면 부모의 시간과 노력이 필요하다. EBS 수능 영어를 진행하는 정승익 강사는《어머니, 사교육을 줄이셔야 합니다》에서 구체적인 학습 방법보다 목표, 동기, 습관의 중요성에 더 많은 지면을 할애했다.[6] 새로운 습관 형성까지 걸리는 시간에 관해서도 다양한 연구를 소개했다. 21일이 걸린다는 결과도 있고, 66일이 걸린다는 결과도 있다. 보수적으로 새로운 습관이 루틴으로 자리 잡기까지 두 달 정도가 걸린다고 생각해보자.

미국의 작가 조시 카우프만은《처음 20시간의 법칙》에서 아무것도 모르는 상태에서 무언가를 처음 배우고, 실력이 향상되는 데 20시간이 필요하다고 주장했다.[7] '1만 시간의 법칙'이 한 분야에서 최고의 경지에 이르는 데 필요하다면, 일반인이 어떤 기술 습득에 필요한 습관을 만드는 시간은 그보다 훨씬 짧은 셈이다.

하나의 언어를 습득하는 데는 수천, 수만의 시간이 필요하지만 그 시간도 결국 처음 몇 분에서 시작한다. 20시간은 한 달간 매일

30~45분 정도를 할애하는 시간이다. 영어 환경 만들기가 너무 어렵게 느껴진다면 하루 30분, 한 달만 시간을 내보자. 아무리 어려워 보이는 기술도 단계별로 쪼개면 누구나 실천할 수 있다.

🎓 언어 습득과 학습

언어 '습득'과 '학습'에 대해 한번 짚고 넘어가보자. 태어나면서부터 자연스럽게 언어를 듣고 익히는 방식이 습득이다. 교재나 선생님을 통해 의식적으로 배우는 것을 학습이라고 이해하면 쉽다.

모국어는 듣기부터 발달해 말하기, 읽기, 쓰기의 순서로 습득된다. '영어를 습득시키자는 것'은 아이들을 영어 듣기 상황에 자연스럽게 노출하자는 이야기다.

학습은 학교나 학원에서 배우는 방식이다. 단어를 외우고, 문장을 문법에 맞춰 분석하고, 해석한다. 그런데 이런 방식으로 영어를 처음 접한 아이는 영어를 싫어하게 될 가능성이 높다. 같은 맥락에서 공교육에서 영어를 처음 배우는 초등 3학년 영어 교과서도 흥미와 재미 위주의 음성 학습으로 구성된다. 그렇지만 습득과 학습을 무 자르듯이 구분하고, 학습을 터부시하는 태도도 장기적으로는 도움이 되지 않는다. 어차피 학습도 결국 습득이라는 큰 틀 안에서 이루어지는 것이기 때문이다.

⬡ 모든 것은 나와 아이를 이해하는 데서 출발한다

자기 주도적인 공부 습관을 잡는 것은 결코 쉽지 않다. 하지만 일단 습관이 잡히면, 영어뿐만 아니라 다른 과목 공부에서도 진가를 발휘한다. 아이가 좋은 습관을 들이려면 부모가 먼저 본을 보여야 한다. 이 과정이 부모의 일방적인 강요여서는 안 된다. 아이와의 대화, 아이의 적극적인 참여가 중요하다. 그래야 습관의 뿌리가 튼튼해질 수 있다.

'내 아이를 잘 아는 것'을 영어 공부의 출발점으로 잡기를 권한다. 아이와 부모의 기질과 성향, 부모의 대화 방식은 어떤지 돌아보자. 부부의 교육관이 일치하는지, 생활 속에서 아이에게 일관성 있게 드러내고 있는지도 생각해보자. 남들이 좋다고 하는 방법이 우리 아이에게는 맞지 않을 수도 있다. 나와 우리 아이를 먼저 잘 알고, 그에 맞는 학습 방법을 찾는 것이 가장 빠른 길이다.

이 책의
활용법과 주의점

이 책은 생후 0세부터 초등학교 6년까지 영어 학습의 큰 흐름과 학년별, 학기별 중점 사항을 제시한다. 초등학교 시기에 초점을 맞췄지만, 취학 전부터 일찌감치 가정에서 영어를 들려주고 영어 책도 읽어줄 것을 권한다. 공교육에서는 초등학교 3학년부터 영어 교육을 시작하는데, 왜 그전부터 영어 노출을 권할까?

영어는 언어다. 그래서 음성 언어에 민감한 시기부터 일상에서 유의미한 영어 노출량을 채워주면 좋다. 발달 단계에 맞는 자료(노래, 책, 영상)로 영어 환경 만들어주기는 누구나 할 수 있는 일이다. 취학 전에는 영어를 즐거운 경험으로 접하는 것이 중요하다. 재미있는 영어 노래를 들려주고, 영어 그림책도 읽어주자. 영어 영상은 부모의 지도 아래 가정 상황에 맞는 규칙을 정하고 함께 시청하자.

초등학교 입학 이후 학습이 시작된 뒤에도 영어가 재미있고 즐거우며 유용한 언어라는 느낌을 아이가 유지할 수 있도록 해야 한다. 3학년부터 시작해도 인지와 언어 발달상 영어 학습이 늦은 것은 결코 아니다. 다만 수업 시간만으로는 영어에 노출되는 시간이 충분하지 않다. 교육 과정이 어떻게 바뀌어도 학교 영어 수업만으로 충분한 노출을 해주기에는 부족하다. 학원도 마찬가지다. 그렇다고 아이를 앉혀놓고 부모가 선생님이 되어 영어를 가르치라는 것은 아니다. 어느 학원이 좋은지 알아보기 전에 먼저 내 자녀를 이해해보자. 영어를 별로 접하지 않았더라도 독서 습관이 잘 잡혀 있고 부모와의 관계가 좋은 아이라면 걱정하지 말자. 지금은 또래보다 잘하지만 영어를 싫어하는 아이보다 발전 가능성이 높다.

　생후 0세부터 7세까지는 영어 노출 환경을 처음 만들 때 유용한 노래, 그림책 활용법과 영상 시청 기준에 대해 이야기한다. 4세 이후로 급격히 아이의 인지가 발달하기 때문에 0~3세, 4~7세를 구분하기는 하지만, 기본적인 흐름은 비슷하다. 이때는 아이의 전반적인 신체, 정서, 인지 발달에 신경 쓰면서 아이가 좋아하는 한글과 영어 책을 찾아가는 과정이다(적절한 영어 노출 이상으로 한글 독서도 중요하다).
　초등학교 입학 이후부터는 각 학년 학사 일정에 따라 1학기, 여름방학, 2학기, 겨울방학을 구분한 뒤, 시기별로 영어 학습 중점 사항을 다룬다. 영어뿐만 아니라 초등학교 주요 과목(국어, 수학, 사회, 과학) 공부에 대해서도 간략히 설명한다. 다른 과목과 함께 균형 있는 영어 공부 계획을 세우는 데 도움을 주기 위해서다.

사실상 영어는 학년 구분이 큰 의미가 없음에도 불구하고 학년 단위로 구분한 것은, 학습 계획을 짤 때 학년을 기준으로 삼는 경우가 많기 때문이다. 1학년에 제시된 영어 학습을 2, 3학년에 해도 큰 문제는 없다. 이 책에서 제시한 학년별 영어 공부 수준보다 뒤처졌다고 해서 불안할 것도, 앞서간다고 자만할 일도 아니다.

아이의 영어 학습 과정에서 부모가 마음에 새겨야 할 것은 다음과 같다. 첫째, 취학 전부터 초등학교 시기까지 영어 학습은 즐거운 경험이어야 한다. 둘째, 영어 문자 학습(알파벳, 파닉스)은 인지 수준이 어느 정도 발달하고 한글 해득이 이루어진 다음(최소 7~8세 이후)에 해야 한다. 셋째, 그림책이나 리더스북을 접하는 초기 읽기 단계에서 아이들이 힘들어하지는 않는지 세심하게 살펴야 한다. 다음 사항들을 숙지했다면 본격적으로 시작해보자.

CHAPTER 2

생후 0~3세,
영어를 많이 들려주자

영어 노출의
원칙과 방향

생후부터 취학 전까지, 사실 그 후에도 영어 노출의 방향은 기본적으로 같다. 아이가 흥미로워하는 자료(노래, 그림책, 영상)를 꾸준히 들려주고, 보여주는 것이다. 취학 전 영유아기 때 아이의 발달 단계에 맞게 적절하게 영어를 노출하면 특히 듣기 능력이 크게 향상한다. 그러나 단어 암기 등 학습적으로 접근하면 역효과가 일어날 수도 있다. 이 시기 아이에게는 영어 음원이 자연스럽게 흘러나오는 환경만 조성해줘도 괜찮다.

최소 3세까지, 영유아기의 우선순위는 부모와의 애착 형성, 정서 안정, 상호작용을 통한 모국어 발달이다. 이 시기 정서 발달과 마음 건강은 평생 영향을 미친다. 건강한 몸과 마음이 가장 중요하다. 부모와의 스킨십과 애착 형성이 최우선이다.

존스홉킨스 의과대 지나영 교수는《세상에서 가장 쉬운 본질육아》에서 육아를 밥 짓기라고 표현했다.[8] 물을 넣고, 뚜껑 덮고, 불을 지피면 쌀 본연의 맛이 드러나듯이 육아 또한 아이의 잠재력을 믿고 적절한 환경을 제공하며 기다려주는 것이라고 말이다. 영어 교육도 마찬가지다. 이 시기의 아이들에게는 영어를 일상 속에서 들려주며 자연스럽게 익숙해지도록 하는 것이 중요하다. 아이의 인지, 정서 발달에 맞지 않는 억지 학습은 상처만 남길 수도 있다.

영어 동요로
시작하는 소리 노출

영어는 한국어보다 음역대가 높고 넓다. 한국어 음역대에 귀가 익숙해지기 전에 영어 음원을 자주 들려주면 영어에 친숙해지고 듣기 실력 향상에 도움이 된다. 소리에 민감한 어린 시절에 한국어와 더불어 다양한 형태로 영어를 부담 없이 들려주자. 하지만 템포가 지나치게 빠르거나 가사가 너무 난해한 음악은 권하지 않는다.

동요는 영어 듣기 환경 조성에 좋은 자료로 생후부터 초등학교까지 비교적 오랫동안 활용 가능하다. 그 시기가 지난 이후에도 꾸준히 들으면 좋다. 노래 한 곡의 길이도 2~3분 정도로 짧다. 일상생활에서 부담 없이 자주 들을 수 있으며 반복 구간이 많아 외우기도 쉽다. 함께 듣고 부르며 아이와 친밀감도 높일 수 있다. 영어의 리듬, 억양을 자연스럽게 익힐 수 있는 것도 큰 장점이다.

🎓 태어나서 처음 듣는 영어 동요 〈Wee Sing〉 시리즈

이제 막 말을 배우기 시작하는 어린아이에게는 어떤 노래를 어떻게 들려주는 것이 좋을까?

〈Wee Sing〉은 이 시기 들려주기 좋은 영어 동요 시리즈다. 40년간 영어권에서 꾸준히 사랑받아온 CD와 악보집이다. 자극적이지 않고 담백한 반주, 또렷한 발음과 살아 있는 리듬감이 초기 음원 자료로 적당하다. 챈트처럼 리듬감을 살려 가사를 읽은 다음 노래가 시작되는데 따라 부르다 보면 자연스럽게 영어의 리듬감, 억양, 발음까지 익힐 수 있다.

태어나 처음 듣는 영어 동요로 〈Wee Sing for Baby〉도 추천한다. 다른 〈Wee Sing〉 시리즈에 비해 템포가 느려 따라 부르기 수월하고, 부모가 까꿍 놀이(peek-a-boo)를 하며 부를 수 있는 노래들이라 연령상, 발달상으로도 적당하다.

다음 표는 〈Wee Sing for Baby〉 중 아이 몸을 만지면서 즐겁게 듣고 부를 수 있는 노래들이다. 처음에는 노래를 들으면서 아이의 얼굴과 몸을 마사지하고, 가사가 익숙해지면 부모의 목소리로 직접 불러주자.

노래	가사(행동)	주소
PEEK-A-BOO Peek, Peek, Peek-a-boo! Peek, Peek, I see you!	까꿍 까꿍(두 손으로 얼굴을 가린 다음, 한쪽으로 얼굴을 내밀고 아기를 보세요), 까꿍(이번에는 다른 쪽으로), 까꿍(두 손 사이로)! 까꿍, 까꿍, 보인다(다시 한번 반복하세요)!	
TWO LITTLE EYES Two little eyes to look around. Two little ears to hear each sound. One little nose to smell what's sweet. One little mouth that likes to eat.	작은 두 눈 주위를 둘러보는 작은 두 눈. 소리를 듣는 작은 두 귀. 달콤한 냄새를 맡는 작은 코. 먹기 좋아하는 작은 입.	
BABY'S FACE Brow, brow, brinkie. Eye, eye, winkie. Cheek, cheek, cherry. Mouth, mouth, merry. Chin-chopper, chin-chopper. Chin, chin, chin.	아기 얼굴 눈썹-눈-뺨-입-턱(가사에 따라 해당 부위를 손으로 가리킵니다).	

🎓 마더구스로 영어의 소리 특성, 문화 이해의 기본까지 튼튼하게

영어 동요를 검색하면 미국에서는 주로 '마더구스Mother Goose', 영국에서는 '너서리 라임Nursery Rhyme'이라고 불리는 전래 동요들을 찾을 수 있다. 오래전부터 구전되어온 만큼 영미권 문화가 깊이 배어 있어 문화적 가치가 높은 동요들이다. 마더구스를 들으며 자란 아이들은 훗날 책과 영화에서 다시 그 내용을 보고 들으면서 영미권 문화도 폭넓게 이해하게 된다. 마더구스는 노래뿐만 아니라 책으로도 많이 나와 있어 듣기 자료와 더불어 추후 읽기 단계까지 오랫동안 활용할 수 있다.

마더구스란 원래 '거위에 올라탄 모자를 쓴 할머니'로 영미권에서는 이야기와 전래 동요를 수집하는 상상의 캐릭터다. 험프티 덤프티Humpty Dumbty(담장 위에 앉아 있는 땅딸막한 달걀 모양의 사람)도 마더구스에 등장하는 캐릭터다. 험프티 덤프티는 노래뿐만 아니라 《장화 신은 고양이》, 《거울 나라의 앨리스》 같은 소설이나 영화, 뮤지컬, 만평 등에서 다양하게 등장한다. 한번 부서지면 원래대로 돌아가지 못한다는 의미에서 파탄 난 세계 경제로 비유되기도 했다.[9]

입에 잘 붙고 기억하기 쉬운 마더구스에는 '라임Rhyme'이 살아 있다. 그래서 영어 소리의 패턴, 리듬, 강세를 익히기 좋다. 라임은 단어 끝부분의 모음 발음이 일치하면서 '각운'을 이루는 것이다. 'low'와 'dough'는 철자가 다르지만 끝소리는 같아 라임을 이룬다. 연속된 단어에서 특정 자음 소리가 반복되는 것은 두운(alliteration)이다. 'Coca Cola', 'Dunkin Donut', 'Mickey Mouse' 같은 단어에서 볼 수 있다. 라임과 두운은 영어 소리의 큰 특징이다. 마더구스를 자주 들으면 이런 영어 소리의 특징을 자연스럽게 받아들이는 데 큰 도움이 된다.

구글에서 'Best Nursery Rhyme'을 검색하면 영미권에서 인기 있는 마더구스를 알아볼 수 있다. 여러 교육 사이트에서 선정한 목록 중 2009년 영국 잡지 〈가디언The Guardian〉에서 선정한 '마더구스 인기 10위(Top Ten Nursery Rhymes)'를 보면 다음과 같다.[10] 2~3곡 정도를 제외하고는 대부분 우리 귀에도 익숙하다.

〈Hickory Dickory Dock〉, 〈Little Miss Muffet〉, 〈Round and Round the Garden〉, 〈Incey Wincey Spider〉, 〈Baa, Baa, Black Sheep〉, 〈Jack and Jill〉, 〈The Grand Old Duke of York〉, 〈Twinkle, Twinkle, Little Star〉, 〈Humpty Dumpty〉, 〈If You're Happy and You know It〉

마더구스 같은 영어 동요들은 〈Wee Sing〉 시리즈뿐만 아니라 수많은 책과 CD로 나와 있다. 노래만 수십 곡을 한 번에 모아놓은 것도 있고, 각 노래를 그림책으로 만든 《노부영》(노래로 부르는 영어) 시리즈도 있다. 유튜브 채널에도 좋은 영어 동요 음원이 많이 올라와 있다. 영어 동요 채널로는 〈Super Simple Songs〉, 〈Mother Goose

마더구스 듣기

Hickory Dickory Dock	Jack and Jill	Humpty Dumpty

Club〉, 〈CoComelon〉 등이 유명하다. 40쪽 하단 표에 각 채널의 곡 하나씩을 올려뒀으니 다른 동요들도 다양하게 들어보고 아이가 좋아하는 것을 찾아보자.

영어 그림책
소리 내 읽기

📖 영어 그림책 읽어주기는 일찍 시작할수록 좋다

미국 소아과학회(American Academy of Pediatrics, AAP)는 2014년에 "신생아 때부터 소리 내 책을 읽어줘야 한다"라는 권고안을 발표했다.[11]

　　아직 문자 해득이 안 된 아기에게 책을 읽어준다는 것은 곧 '듣기와 읽기'다. 한글 책 읽어주는 과정을 생각해보자. 읽어주는 내용을 아이가 이해하지 못해도 문제로 여기는 부모는 없다. 아이의 귀는 부모가 읽어주는 소리를 듣고, 눈은 짚어주는 그림을 본다. 이때 들리는 소리를 시각 자극과 종합해 이해하는 복잡한 인지 과정이 뇌에서 일어난다. 들리는 내용을 머릿속으로 그려보는 과정에서 상상력도 발달한다. 영어 책 읽어주기의 과정도 기본적으로 이와 같다.

《책 읽는 뇌》의 저자 매리언 울프Maryanne Wolf는《다시, 책으로》에서 어린 시절 책 읽어주기의 장점에 대해 강조한다.[12] 우리가 아이에게 말을 걸 때는 아이 주변에서 쉽게 볼 수 있는 사물이나 익숙한 단어들을 주로 말한다. 하지만 책을 읽어줄 때는 일상에서 잘 사용하지 않는 단어와 문장에도 노출된다. 이 과정에서 단어뿐만 아니라 이야기, 책의 문법, 리듬과 운율에도 자연스럽게 익숙해진다. 부모가 책 읽어주는 소리를 들으며 아이는 정서적으로 안정을 느낄 뿐만 아니라 높은 수준의 언어 자극을 받는 것이다.

🎓 어떤 영어 그림책을 읽어줄까

이 무렵에는 아이들이 장난감처럼 책을 만지고 느끼며 책과 친해지게 하자. 보들보들한 헝겊책, 물에 젖지 않는 목욕책(bath book), 소리가 나는 사운드북, 쉽게 찢어지지 않는 보드북도 있다.

이 시기의 관건은 아이 취향에 맞는 책을 찾는 것이다. 자녀가 책과 친해지기를 바란다면 어떤 책을 좋아하는지부터 탐색해야 한다. 이것저것 읽어주다 보면 유난히 좋아하며 반응하는 책이 있을 것이다. 아이가 어릴수록 이 과정이 여유롭다.

웬디북, 동방북스, 하프프라이스북 같은 온라인 영어 전문 서점 홈페이지에는 연령별, 주제별로 영어 그림책이 상세히 분류되어 있다. 종합 온라인 서점에도 '외국도서-어린이' 분류에 영어 책이 따로 있다. 외국 서점인 아마존 분류는 더 상세하다. 검색창에 'books for age 0~3'이라고 검색하면 상세한 연령별, 주제별 분류를 보여준다. 다만 아마존은 독자 대상이 원어민 아이들이라 같은 연령대라도 우리 아이보다 수준이 높은 책이 분류되어 있을 수 있다.

아이가 특정 책을 좋아한다면 같은 작가의 다른 책을 찾아보자. 다음 추천 도서 목록에도 작가별 시리즈를 포함해 다양한 종류의 그림책을 추천했다. 1~2권씩 먼저 읽고 나서 마음에 들면 나머지 책도 구입해보자.

생후 0~3세 추천 영어 그림책

 《DK Baby, Touch and Feel》 촉감책 시리즈	 《Never Touch A ~》 촉감책 시리즈	 《First 100~》 보드북 시리즈
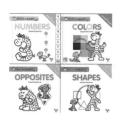 《Zoe and Zack》 보드북 시리즈	 《노부영》 베이비 베스트 15	 《My Very First Library》 보드북 4종 박스 세트
 레슬리 패트리셀리 Leslie Patricelli 보드북 시리즈	 샌드라 보인턴 Sandra Bointon 보드북 시리즈	 제인 포스터 Jane Foster 보드북 시리즈

아이에게
영어로 말 걸기

일방적으로 아이에게 들려주기만 해서는 의미 있는 언어 입력이 되기 어렵다. 언어를 습득하려면 반드시 상호작용이 필요하다. 부모 중 한 사람이 영어 원어민이라면 유아기 때부터 부모와의 상호작용으로 영어를 습득할 수도 있겠지만, 사실 이중 언어 사용자도 두 언어를 같은 수준으로 사용하지는 않는다. 더 강한 제1언어가 있기 마련이다. 제1언어가 단단하게 자리 잡아야 제2언어도 그 위에 세울 수 있다.

'아이에게 영어로 한번 말을 걸어볼까?'

이런 생각이 든다면 일어나기, 세수하기, 밥 먹기, 옷 입기, 기저귀 갈기 등 루틴에 맞춰 영어를 반복해보자. 같은 패턴이므로 그다지 어렵지 않을 것이다. 이런 표현이 익숙해지면 사랑 표현도 시도해보자. 단, 한국어로도 어색하지 않을 때 시도해야 한다. 그래야 영어로도 감정을 실어 말할 수 있다.

It's time to + ~ (~할 시간이야)	get up. ⇒ 일어날 시간이야. brush your teeth. ⇒ 양치할 시간이야. read a book. ⇒ 책 읽을 시간이야.
Let's + ~ (~하자)	have some snack. ⇒ 간식 먹자. go outside. ⇒ 밖에 나가자. draw a picture. ⇒ 그림을 그리자.
Did you + ~ (~했어?)	sleep well? ⇒ 잘 잤어? enjoy your meal? ⇒ 맛있게 먹었어?
Do you want to + ~ (~하고 싶어?)	touch it? ⇒ 만져보고 싶어? taste it? ⇒ 먹어보고 싶어?

더 다양한 표현을 익히고 싶다면 부모가 아이에게 할 수 있는 표현을 상황별로 모아놓은 《Hello 베이비 Hi 맘》 같은 책을 참고할 수 있다.

우리 집 영상
시청 원칙 정하기

0~3세 아이들은 부모의 소리를 알아들어야 생존할 수 있기 때문에 청각이 예민하다. 따라서 영어 노래와 그림책의 음원을 일상생활에서 자주 들려주고 부모의 목소리로도 들려주는 것이 좋다.

그러나 영아 시기에 영상 시청은 권하지 않는다. 2022년 '아름다운 디지털 세상(아인세)'에서 발표한 〈생애주기별 맞춤형 디지털 윤리 교육 학부모 가이드북〉에 따르면 영아의 디지털 기기 사용으로 인한 부작용으로는 사고력과 감정 조절 능력 하락, 의사소통 능력과 사회성 결여, 주의력 결핍과 발달 장애, 언어 발달 지연 등이 있다.[13]

미디어에 대한 전문가들의 권고를 살펴보고 우리 가족에게 맞는 영어 영상 시청 기준을 세워보자. 다음은 미국 소아과학회에서 2016년에 발표한 〈자녀 미디어 사용에 관한 새 권고안〉이다.[14] 우리나라 부모에게도 시사점이 많을 듯하다.

- 18~24개월 이전 아이들에게는 영상 통화를 제외한 디지털 기기 사용을 피해야 한다.
- 18~24개월 아이들에게 영상을 보여주려거든 고품질의 영상을 부모와 함께 보고, 혼자 기기를 사용하도록 해서는 안 된다.
- 2~5세 아이들에게는 영상 시청을 하루 1시간 이내로 제한한다. 고품질의 프로그램을 부모와 함께 보고, 부모는 영상으로 본 것을 아이들이 현실 세계에 적용할 수 있도록 도와야 한다.
- 빠른 속도로 진행되거나 산만하거나 폭력적인 내용이 많은 프로그램은 피하라(어린아이들은 이해하지도 못한다).
- TV나 다른 기기들을 사용하지 않을 때는 전원을 끈다.
- 아이를 진정시키기 위한 도구로 미디어를 사용하지 말라. 이는 아이들 스스로의 감정 조절력 발달을 저해할 수 있다.
- 아이들이 사용하는 미디어 콘텐츠와 내려받은 앱을 모니터하라. 아이들이 사용하기 전에 먼저 앱 테스트를 해보라. 같이 사용하고 난 뒤에는 아이들이 그 앱에 대해 어떻게 생각하는지 물어보라.
- 수면 시간, 식사 시간, 부모와 아이가 함께 노는 시간에는 영상을 보지 않는다.
- 잠자기 1시간 전부터는 영상을 보여주지 않고 침대에서 기기를 치운다.

위 내용을 정리하면 다음과 같다. 24개월 이전 아이에게는 디지털 기기를 가급적 노출하지 않는다. 5세 이하 아이들은 반드시 부모와 함께 영상을 시청해야 하며, 시청 시간은 최대 1시간을 넘기지 않는다. 시청 후에는 내용이 아이의 경험과 연결되도록 부모와 대화한다. 콘텐츠의 내용은 물론 속도도 아이 수준에 적합해야 한다. 수면 시간과 식사 시간, 아이와 부모가 함께하는 시간에는 영상을 끄는 것이 원칙이다. 디지털 기기 사용을 제한하는 대신 오감을 이용한 감각 놀이 등으로 아이와 교감하는 부모가 되어주자.

CHAPTER 3.

4~7세,
영어를 좋아하게 만들자

'학습'보다 긍정적인
'감정' 갖기가 우선!

🎓 4~7세 시기에 가장 중요한 것

이임숙 작가의 《4~7세보다 중요한 시기는 없습니다》에서는 언어를 담당하는 측두엽의 발달로 4~7세에 언어 폭발이 일어난다고 이야기한다. 뿐만 아니라 종합적인 사고 기능과 인성, 도덕성을 담당하는 전두엽까지 집중적으로 발달한다는 것이다.[15]

인지 능력이 급격히 성장하는 시기지만, 그 못지않게 중요한 것이 비인지 능력의 발달이다. 비인지 능력은 쉽게 말해 '태도'다. 이 시기의 아이들은 놀이, 대화, 독서 등 다양한 경험을 통해 인지와 정서, 신체가 안정적으로 발달해야 한다. 잘 먹고, 잘 놀고, 잘 자는 것, 즉 기본적인 생활 습관 정착이 우선이다. 세수, 양치질, 옷 입기, 자기 물건 정리하기 등 사소하지만 평생 가는 습관을 이 시기에 잡아야 한다.

영어 교육도 이러한 발달 과정 안에서 접근해야 한다. 이때는 책을 통한 지식, 놀이를 통한 경험 등이 통합적으로 발달하는 것이 중요하다. 이런 관점에서 4~7세 영어 교육의 핵심은 영어에 대한 긍정적 태도를 키우고, 지속적인 영어 노출량(특히 듣기)을 쌓는 것이다. 본격적인 학습에 들어가기 전에 영어에 대한 긍정적인 감정을 갖도록 도와줘야 한다.

모국어로 이해하고 표현하는 범위가 넓어진 아이는 그동안 잘 듣고 보던 영어를 거부할 수도 있다. 이럴 때는 영어 자료 노출량을 조절하되, 멈추지 않고 꾸준히 이어가는 데 초점을 맞춰야 한다. 언어 중추가 활발히 발달하는 4세 전후의 우선순위는 신체와 정서, 모국어의 발달이다. 우선순위가 충족되는 환경에서 책 읽어주기와 동요 들려주기로 아이가 자연스럽고 재미있게 영어를 받아들이게 만들자.

이 시기는 영어 학습에 모든 것을 쏟아부어야 할 때가 아니다. 안정적인 정서 발달이 최우선이며 이를 통해 내면이 단단하게 자란 아이는 이후 학습 단계도 잘 따라온다. 반대로 강요된 학습에 장시간 시달린 아이는 무기력해지기 쉽다. 순종적인 아이들이 이런 양상을 보일 가능성이 높으니 아이가 잘 따라오는 것 같더라도 항상 아이의 감정을 살펴야 한다.

🏠 영어 듣기, 얼마나 들려줘야 할까?

영어 환경 만들기에서 가장 신경 써야 할 영역은 '듣기'다. 듣기 민감성은 어릴 때 가장 높다. 인간은 나이 들수록 낯선 소리를 받아들이기 어려워한다. 그렇다면 과연 얼마나 들어야 그 언어를 불편함 없이 듣고 이해할 수 있을까? 또 어떻게 충분히 영어 소리를 들려줄 수 있을까?

서울대 영어교육과 이병민 교수는 한 언어에 1만 1,680시간 정도 노출되어야 모국어 수준으로 습득할 수 있다는 가설을 제시했다.[16] 아기가 하루 평균 8시간을 듣는다고 할 때, 모국어 습득까지 4년 정도 걸린다고 어림짐작해 나온 계산이다(8시간×365일×4년). 하루 1시간이라면 32년, 3시간이면 10년 넘게 노출되어야 한다.

그렇다면 학교나 학원에서 영어를 배울 때 듣는 양은 대략 얼마나 될까? 공교육에서는 3~4학년은 40분 기준 주당 1교시, 5~6학년은 주당 2교시 수업을 받는다. 1년 수업 주수를 40주로 보면 초등학교에서 영어를 배우는 총 시간은 160시간 정도다. 주 3회 1시간씩 1학년 때부터 영어 학원을 다니더라도 6년 동안 900시간가량이다. 이마저도 온전히 듣기에만 투입되는 시간은 아니다. 그러니 사교육을 받더라도 가정에서 추가적인 듣기 입력이 있어야만 충분한 영어 노출량을 쌓을 수 있다.

자투리 시간을 활용해 듣기 시간 확보하기

🎓 일과 시간에 영어 소리 끼워 넣기

영어 듣기 환경을 만들려면 가족 모두와 영어 공부에 대한 공감대부터 형성해야 한다. 몇 년간 가족 전체가 영어를 들어야 하기 때문이다.

가장 먼저 대체할 수 있는 소리는 TV나 디지털 기기에서 나오는 한국어다. 한국어 방송을 일단 끄자. 최소한 아이 없는 곳에서 보거나, 한국어 영상은 보는 시간을 따로 정하자. 이를 일관성 있게 지키려면 부모가 일찌감치 영상 시청 규칙에 합의해야 한다.

등원 전과 하원 후 쉬는 시간, 차에서 이동하는 시간 등도 잘 활용해야 한다. 하지만 싫은 마음을 억누르며 억지로 영어를 듣게 만드는 것은 권하지 않는다. 아무 영어 소리나 무조건 많이 듣는다고 좋은 게 아니다. 아이가 좋아하고, 내용도 알고 있는 음원을 듣자. 부모도 아이와 이야기할 수 있는 정도로 음원 내용을 알아야 한다.

식사 준비 시간에 짧은 영어 영상을 보여주되 식사 중 영상 시청은 권장하지 않는다. 잠들기 전에는 영어 책을 읽어준다. 아침 기상 이후 등교 시간 전까지는 어제, 또는 최근에 들은 영어 책 음원을 듣는다. 이것만으로도 1시간 이상 영어에 노출된다.

🏠 배경음악 처럼 '흘려듣기', 그림과 소리를 맞춰 '집중듣기'

가정에서 부모 주도로 영어 노출을 할 때 배경음악처럼 영어를 틀어놓는 것을 '흘려듣기'라고 부른다. 반면, 글자를 소리에 맞춰 집중하여 듣는 것은 '집중듣기'라고 한다. 어떤 방법이 더 효과적인지는 아이의 문자 해득 정도와 집중 시간에 따라 다를 수 있다. 알파벳을 아직 모른다면 흘려듣기에 좀 더 비중을 둔다. 짧고 익숙한 영어 음원을 음악처럼 자주 듣는 것이 좋다. 첫 소절만 들어도 다음 내용을 따라 말할 정도로 반복 청취하는 것이다.

글자를 읽을 수 있게 되면 음원 소리와 글자를 맞춰본다. 자주 글자를 들여다보면 문자 해득도 빨라진다. 하지만 이 시기에는 그림책을 읽어주며 소리와 그림을 맞춰보는 것을 추천한다.

집중듣기는 상당한 집중력이 필요하다. 어른도 10분 이상 집중해서 외국어를 듣고 있기는 쉽지 않다. 집중듣기로 이미 이해한 영어 음원을 평소에 자주 흘려듣기 하는 것도 추천한다. 이해할 수도, 재미도 없는 내용은 아무리 많이 들어도 의미가 없다. 흘려듣기는 아이가 내용을 대부분 이해하고 좋아할 때 효과가 있다.

🎓 효과적인 듣기를 위한 아이 맞춤형 전략

아이가 듣는 내용은 어느 정도 수준이 적당할까? 미국 언어학자 스티븐 크라센Stephen D. Krashen에 의하면 듣기 입력은 아이가 대부분 이해할 만한 내용이어야 한다. 입력 가설, 'i+1'을 살펴보자. 여기서 i는 학습자의 수준이다. 학습자의 언어가 발전하려면 자신의 언어 지식보다 다소 높은 수준의 언어 입력이 필요하다. 입력의 대부분을 이해할 때, 나머지 부분을 이해하려는 노력을 통해 학습자의 언어가 발전한다는 것이다.[17] 이때 중요한 점은 입력의 대부분을 이해할 수 있어야 한다는 것이다.

'i+1'에서 부모들은 뒤에 붙은 '+1'에 초점을 두는 경향이 있다. 아이 수준보다 좀 더 높은 영어 자료를 접해야 실력이 는다고 생각하는 것이다. 그러나 아이 수준에 따라서는 'i+0', 또는 'i-1'이 필요할 때도 있다. 어릴수록 내용을 완전히 알고 있는 자료를 반복하는 것이 더 효과적이다(i+0). 아이의 자신감이 떨어지거나 슬럼프가 올 때는 자신감과 루틴 회복이 우선이다(i-1). 'i+1'도 95퍼센트를 이해하고 나머지 5퍼센트를 '+1'로 잡는 것이 안정적이다.

영어 노래와
영어 그림책을 함께 활용하기

한국어가 유창해지기까지 아이에게는 외부로부터 한국어가 입력되는 긴 시간이 필요하다. 한글을 읽기까지 수많은 그림책을 보고 들으며 소리와 글자의 관계에 대해 감을 잡는다. 그리고 취학 즈음 자모 원리를 이해하면서 한글을 깨우친다. 영어도 초등 저학년까지는 이런 과정을 거쳐 익혀야 한다.

이때 기억해야 할 중요한 원칙이 있다. 알파벳은 한글을 완전히 뗀 후에 익혀야 한다는 것이다. 대략 초등 1학년쯤 한글을 다 익힌다면, 알파벳 학습도 비슷한 시기에 시작하는 게 좋다.

한국어를 유창하게 말하고, 한글 책을 막힘없이 읽더라도 훗날 수능 언어에서 1등급을 받는 아이들은 극소수다. 한글 독서로 기른 사고력과 자기 주도적인 공부 습관에서 차이가 발생하기 때문이다. 이 책에서 영어 학습 못지않게 '한글 독서'와 '습관'의 중요성을 강조하는 이유도 여기에 있다. 영어 학습도 결국 이 2가지 토대 위에 자리 잡아야 한다(반대의 경우 국어도, 영어도 어느 순간 실력이 정체되는 경우가 많다). 이 2가지가 잘 잡힌 아이는 영어 실력을 빠르게 끌어올릴 수 있다.

⬆ 영어 노래와 그림책, 함께 듣고 보며 대화하기

영어 노래와 그림책, 영상을 연계하면 반복 효과를 누릴 수 있다. 마더구스 같은 영어 노래는 노래 한 편이 그림책 한 권인 경우가 많다. 대표적으로 《노부영》 시리즈가 있는데 마더구스 노래뿐만 아니라 많은 그림책을 CD와 함께 제공한다. 오랜 세월 수많은 아이와 부모가 읽은 검증된 책이라고 할 수 있다.

세이펜 기능이 제공되는 책들은 글자를 짚으면 바로 원어민 음성으로 들을 수 있어 자연스럽게 문자와 소리를 연결할 수 있다. 글자를 몰라도 그림을 보면 내용을 유추할 수 있다. 《Little Miss Muffet》이라는 마더구스 그림책을 보자. 가사는 아래와 같다.[18]

Little Miss Muffet.
Sat on a tuffet.
Eating her curds and whey.
Along came a spider.
Who sat down beside her.
And frightened Miss Muffet away.

그림책에는 '머펫 아가씨'로 보이는 여자아이가 의자(tuffet)에 앉아 유제품(curds and whey)을 먹고 있다. 그 뒤로 거미가 한 마리 보인다. "이 아이는 누굴까?", "무엇을 먹고 있는 걸까?", "뒤에 동물들은 왜 숨어 있을까?" 등의 대화를 나누고 노래도 여러 번 들어본다. 그림책에는 거미 외에도 다양한 동물들이 등장하며 내용이 반복된다. 짧지만 이야기에 구조가 있고 반복적이며 그림이 있어 노래와 그림책의 장점을 모두 살릴 수 있다. 위 과정은 다른 영어 그림책을 읽을 때도 동일하다.

가사는 짧지만, 문법적으로 쉽지만은 않다. 하지만 문장 자체를 이해하지 못해도 전혀 상관은 없다. 아이들은 그림이나 영상 내용으로 노래를 이해하니 여러 번 반복해서 따라 부르며 우리말에 없는 발음과 라임에 익숙해지는 게 더 중요하다.

영어 노래는 유튜브 채널 〈Super Simple Songs〉, 〈CoComelon〉, 〈Mother Goose Club〉의 노래들부터 시작해보자. 특히 〈Super Simple Songs〉 채널은 일본에서 영어를 가르치던 캐나다 교사들이 기존 노래를 가르치기 쉽게 만들어 올린 것이다. 영상 길이가 노래 한 곡 길이라 보여주기에도 부담 없다.

노래와 음원은 생활 속에서 수시로 들려주고, 영상은 반드시 함께 보자. 이 채널들 모두 공식 홈페이지에서 색칠하기, 워크시트 등의 자료도 제공한다. 단, 이런 후속 활동들은 아이가 즐겁게 참여할 때만 의미가 있다.

영어 노래를 들을 수 있는 유튜브 채널

슈퍼 심플 송즈

코코멜론

마더구스 클럽

🎓 영어 그림책으로 아이와 상호작용 하기

4~7세는 세상에 대한 다양한 호기심을 키우고 가정과 사회의 구성원으로서 자기 역할을 조금씩 배워나가는 시기다. 수, 색깔, 모양, 사물, 동물에 대한 개념을 예쁘고 선명한 그림과 함께 제시하는 책, 또래 아이들이 주인공으로 등장해 가정과 기관(어린이집, 유치원)에서 생활하는 모습이 등장하는 책, 본격적인 이야기 구조가 등장하는 책으로 독서 범위를 넓히자.

유명한 그림책 중에는 애니메이션으로 제작된 것도 많다. 그림책을 읽고 나서 관련 영상을 보는 것도 좋은 방법이다. 단, 영상은 부모와 함께 보는 것이 원칙이다. 영상을 디지털 보모로 활용하는 것은 금물이다. 한 번 볼 때 30분 이상은 넘기지 말자.

보고 나서는 본 내용에 대해 아이와 함께 짧게라도 꼭 대화해야 한다. 가볍게 어떤 내용이었는지 물어도 좋고, "너라면 어떻게 할 것 같아?"처럼 아이의 생각과 연결 짓는 질문이면 더 좋다.

⊜ 부모의 영어 발음이 걱정된다면

어떻게 책을 읽어줘야 아이가 흥미로워할까? 첫째, 아이가 좋아하는 책을 읽는다. 둘째, 감정을 살려 실감 나게 읽는다. 셋째, 그림을 보며 함께 이야기한다. 넷째, 책의 내용을 퀴즈로 만들거나 말놀이 등을 통해 재미있는 시간을 보낸다. 먼저 한글 책을 이런 방법으로 재미있게 읽어주자. 그런데 많은 부모가 영어 책을 직접 읽어주는 걸 꺼린다. 왜 그럴까?

가장 큰 이유는 발음이 좋지 않다고 생각하기 때문이다. '내 발음으로 아이에게 영어를 들려줘도 될까?'라고 걱정한다. 하지만 오로지 부모의 영어만 듣는 것이 아니라면 걱정하지 않아도 된다. 평상시 영어 음원을 자주 들려준다면 아이의 발음은 음원을 닮아간다.

그래도 걱정된다면 세이펜이나 음원을 활용해도 괜찮다. 중요한 건 부모가 함께하는 것이다. 세이펜으로 한 줄 소리가 나게 한 뒤, 부모가 바로 따라 읽어주는 것도 좋다. 아이가 자신감을 갖기를 바란다면 부모부터 당당한 모습을 보여줘야 한다.

🎓 잠자리 독서를 우리 집 문화로 만들자

맞벌이 부부는 육아와 집안일만으로도 버거울 것이다. 하지만 어차피 인생은 선택과 우선순위 정하기의 연속이다. 가족이 함께하는 시간을 어떻게 보낼 것인가? 누가 무슨 역할을 맡을 것인가? 영어 교육에도 우선순위를 결정해야 한다. 일단 잠자리에서 영어 책 한 권 읽어주기부터 시작해보자. 읽다 잠들어도 괜찮다. 주 1회여도 좋다. 뭐든 시작해서 꾸준히 하다 보면 습관이 된다. 일과를 마치고 나면 피곤하겠지만 아이에게 집에서 영어를 노출하려면 부모의 시간과 노력이 필요하다.

하지만 무엇보다 영어 환경 만들기나 잠자리 독서가 부모 중 한 사람이 짊어진 의무가 되어서는 안 된다. 아이에게 좋은 습관을 길러주고 아이와 부모 모두가 행복한 시간을 더 많이 만들기 위해서 우리 가족의 시간을 어떻게 쓸 것인지는 반드시 함께 의논해야 한다. 끝나지 않을 것 같은 육아 터널도 언젠가는 끝난다. 아이를 품에 안고 책을 읽어줄 수 있는 시간은 생각보다 짧다.

이 책에서 이야기하는 '영어 환경 만들기'는 결국 좋은 습관 만들기로 귀결되는데, 그 습관을 잡아줄 수 있는 시기는 길어야 10세 정도까지다. 그 후에는 아이가 스스로 해내야 할 부분이 많아지며 부모의 통제력도 점점 약해진다. 아이와 함께하는 시간은 나중에 시간이 많아진다고 메꿀 수 있는 것이 아니다. 소중한 이 시기를 바쁘다는 핑계로 흘려보내지 말자. 특히 잠자리 독서만은 꼭 해보기를 권한다.

《조이스박의 오이스터 영어교육법》에서는 '문자 학습 전 먼저 발달해야 하는 사전-문해성의 6가지 기능'을 소개한다.[19] 잠자리 독서는 그중 이야기를 듣고 이해하며 대화할 수 있는 서사 능력(Narrative Skills)과 인쇄물 개념(Print Knowledge), 문자에 대한 지식(Letter Knowledge)까지 자연스럽게 길러준다. 아이와 부모 사이 유대감 형성, 정서적 안정에도 도움이 된다. 자기 전에 부모가 읽어준 책 내용은 자는 동안 장기 기억으로 저장되기도 쉽다. 선택하자. 자기 전에 아이에게 책을 읽어줄 것인가, 스마트폰을 집어들 것인가?

계속 강조하듯 이 시기에는 모국어가 충분히 발달해야 한다. 영어 책 읽어주기 못지않게 한글 책 읽어주기도 중요하다. 이때 주의할 점은 부모가 일방적으로 읽는 독서는 별로 도움이 되지 않는다는 것이다. 책을 읽어주며 아이와 함께 눈을 맞추고, 대화하며 상호작용하는 것이 중요하다.

2022년 EBS에서 방영된 다큐멘터리 〈당신의 문해력〉에서는 흥미로운 프로젝트를 진행했다.[20] 바로 서울대 아동가족학과 최나야 교수가 주도한 12주간 '소리 내 읽어주기' 프로젝트이다. 제작진은 부모와 아이 간의 상호작용을 관찰하고 그 유형을 분류했다. 그 결과 부모가 가르치려 하거나 일방적으로 질문하는 '교수적 상호작용' 유형이 가장 많았다. 가장 바람직한 유형은 '확산적 상호작용'으로, 아이와 적극적으로 교감하거나 질문을 던져 아이가 자신의 생각을 확산할 수 있도록 돕는 게 중요하다. 상호작용 없는 책 읽어주기는 오히려 스트레스가 될 수 있다는 걸 기억하자.

🏠 아이가 선호하는 그림책을 찾아주자

그림책의 매력을 모른다면 잠자리 독서가 귀찮고 힘들게만 느껴질 수도 있다. 하지만 그림책은 아이들만을 위한 책이 아니다. 내용은 단순하지만 그 안에 담긴 철학적 메시지는 결코 단순하지 않다. 부모가 그림책의 매력에 빠지면 더 즐겁게 읽어줄 수도 있고, 잠자리 독서도 기다려질 것이다.

69쪽에 소개하는 영어 그림책들은 문장이 짧고 반복 문형이 많으며, 그림을 보고 대화를 나누기에 좋다. 영어 그림책 세계에 입문하도록 도와주는 좋은 길잡이가 될 것이다. 초등 저학년까지도 오래 반복해 볼 수 있는 책들이다. 아이와 함께 보며 자녀의 취향과 선호도를 파악해보자. 아이가 특정 주제나 작가의 작품을 유난히 좋아할 수도 있다. 그럼 그 주제와 작가의 작품으로 책을 확장해나가자.

이 시기 아이들은 반복된 루틴에서 안정감을 얻는다(더불어 영어는 반복이 중요하다). 반복적으로 읽어달라는 책은 그만큼 좋아하기 때문이니 원하는 만큼 읽어주자. 어떻게 읽어줘야 할지 감이 안 온다면 다음 예시처럼 해보자.

아이들이 좋아하는 동물들이 등장하는 페기 래스먼Peggy Rath-mann의《Good Night, Gorilla》는 "Good Night, OOO" 한 문장이 반복되어 부담이 없다. 그림만으로 내용이 이해되고, 이야깃거리가 많고 재미있어 잠자리에 들 때 읽어주기 딱 좋다. 게다가 그림을 보며 의미를 파악하는 활동은 시각적 메시지를 인식, 분석, 평가, 생산하는 능력인 비주얼 리터러시Visual Literacy 발달에도 좋다.[21]

《**Good Night, Gorilla**》by Peggy Rathmann
동물원 경비아저씨의 열쇠를 훔친 개구쟁이 고릴라. 동물원을 돌며 밤 인사를 하는 아저씨를 몰래 따라가 다른 동물들의 우리를 열어준다. 동물들에게 건네는 밤 인사를 따라 하며 아이와 대화를 나눌 수 있다.

• 읽기 전 활동(pre-reading)

표지의 제목과 작가 이름을 읽는다(저자 이름을 읽기 어려울 때는 QR 코드를 통해 홈페이지에서 원어 발음을 들어본다).

howtopro-
nounce.com

그림에서 경비아저씨와 고릴라를 가리키며 물어보자.

"Who is it?(누굴까?)"

"What is it?(무엇일까?)"

처음에는 영어로 말하고, 이어서 한국어로 말해도 괜찮다. "고릴라가 왜 우릴 보며 '쉿' 하는 걸까?", "고릴라는 저 열쇠가 어디에서 났을까?" 같은 복잡한 질문은 한국어로만 해도 좋다.

• 읽기 중 활동(whlile-reading)

동물원을 한 바퀴 돌며 인사하는 경비아저씨를 따라 "Good night, OOO"이라고 아이와 함께 말해보자. 동물의 이름을 아이는 한국어로, 부모는 영어로 말해본다. 불이 꺼져 캄캄한 와중에, 동물들이 각자 'Good night' 인사를 건넨다. 어두운 배경에 말풍선으로만 표현한 장면으로, 아이와 함께 동물을 상상해보면 더욱 즐겁게 독서 경험을 할 수 있다. 대사 없이 그림만 있는 장면도 함께 추측해본다.

• 읽기 후 활동(post-reading)

이 시기에는 책을 덮은 후 부모와 대화하는 것이 가장 기본적이고 오래 지속할 수 있는 활동이다. 잠자리 독서 시간에 읽은 책 내용에 대해 다시 이야기하고 재미있는 부분이나 느낌 등을 서로 공유해보자. 읽고 쓸 줄 안다면 간단하게 자기 생각을 써볼 수도 있다. 이런 대화가 익숙해지면 추후 색칠하기, 그리기, 만들기 등으로 확장할 수 있다.

추천 그림책 목록

책 제목	글쓴이
10 Minutes till Bedtime	Peggy Rathmann
A Bit Lost	Chris Haughton
Alphabet Ice Cream	Nick Sharratt
Bear About Town	Stella Blackstone
Beautiful Oops!	Barney Saltzberg
Blue Chameleon	Emily Gravett
Brown Bear, Brown Bear, What Do You See?	Eric Carle
Polar Bear, Polar Bear, What Do You Hear?	Eric Carle
From Head to Toe	Eric Carle
Color Zoo	Lois Ehlert
Dear Zoo	Rod Campbell
Don't Push the Button	Bill Cotter
Five Little Monkeys Jumping on the Bed	Elleen Christelow
Freight Train	Donald Crews
Go Away, Big Green Monster!	Edward R. Emberley
Goodnight Moon	Margaret Wise Brown
Good Night, Gorilla	Peggy Rathmann
Gossie and Friends 시리즈	Oliver Dunrea
Have You Seen My Duckling?	Nancy Tafuri
Henny Penny	H.W. Zimmermann

I Love You Through and Through	Bernadette Rossetti Shustak
Karen Katz Life-the-Flap Books 시리즈	Karen Katz
Knuffle Bunny 보드북 시리즈	Mo Willems
Max and Ruby 보드북 시리즈	Rosemary Wells
My Friends	Taro Gomi
Piggies	Audrey Wood
Press Here	Herve Tullet
Shh! We Have a Plan	Chris Haughton
Silly Sally	Audrey Wood
The Little Mouse, the Red Ripe Strawberry, and the Big Hungry Bear	Audrey Wood
They All Saw a Cat	Brendan Wenzel
We're Going on a Bear Hunt	Michael Rosen, Helen Oxenbury
Where is Maisy? 보드북 시리즈	Lucy Cousins
Where's Spot? 보드북 시리즈	Eric Hill

영어 영상,
효율적이고 안전하게 활용하기

😀 영상 활용의 장점과 주의점

일상에서 영어로 의사소통하는 상황을 자주 접할 수 있다면 좋겠지만 쉽지 않은 일이다. 다행히 화면 속에서 영어로 대화하는 모습을 보는 것만으로도 실제 영어 사용 환경에 노출되는 것과 유사한 효과가 있다.

영어 영상은 듣기 입력에 좋은 자료다. 그렇지만 이미 한국어에 익숙해진 아이에게 단번에 이해되지 않는 영어 영상이 반가울 리 없다. 이에 영어 영상이 제 기능을 하려면 일단 가정 내에서 한국어 영상 시청을 제한해야 한다. 부모가 먼저 영상 시청 규칙에 대해 의논하고 정해야 하는 까닭이다. 대화가 가능한 나이라면 아이도 논의에 참여시키자.

영상으로 영어 노출 환경을 만들고자 한다면 부모부터 시청 습관을 바꿔야 한다. 한국어 영상에 노출되는 시간을 최소한으로 줄이되 너무 무리하지는 말자. 힘들면 오래갈 수 없다. 시행착오를 거치며 우리 가족에게 맞는 패턴을 함께 찾아야 한다.

사실 집에서 영어 영상만 보는 것은 쉬운 일이 아니다. 그런데 디지털 기기를 대하는 부모의 태도를 아이가 그대로 학습한다는 사실을 아는가? 디지털 기기에 중독된 아이들을 살펴보면 대개 부모도 중독인 경우가 많다. 아이와 있는 동안 스마트폰만 들여다보지는 않았는가? 스마트폰에 얼굴을 묻고 있는 나의 모습을 아이가 바라보고 있다는 것을 명심하자.

🏠 영어 영상 시청, 언제 시작하면 좋을까

영상 시청은 최소 24개월 이후라면 부모의 교육관에 따라 언제 시작하든 상관없다. 자녀와 함께 시청한 뒤, 충분히 교감하고 이야기할 시간과 의지가 있다면 일찍 시작해도 괜찮다. 다만 정해진 시청 시간은 반드시 지켜야 한다. 더불어 영상 외에도 놀 거리가 충분해야 한다. 신체 활동, 책 읽기, 그리기, 만들기 등 재미있는 것이 많아야 영상 시청을 절제할 수 있다.

노래나 그림책으로 먼저 영어에 노출한 뒤 영상을 시청하는 게 좋은 이유도 마찬가지다. 화려한 색감과 다채로운 소리, 흥미로운 이야기로 아이의 눈과 귀를 사로잡는 영상은 아무래도 자극의 정도가 높다. 처음부터 높은 자극에 노출되면 그보다 덜한 자극에는 반응이 잘 일어나지 않는다. 그래서 일단 그림책과 친숙해진 뒤에 영상 노출을 권한다.

🎓 영어 영상 시청 원칙을 정하자

자녀가 좋아하는 영어 노래 또는 동화로 만들어진 영상으로 시작하자. 〈Super Simple Songs〉 같은 유튜브 채널을 통해 영어 노래를 들려줄 수 있다. 유튜브에서 '책 제목+animated'라고 검색하면 그림책을 원작으로 한 애니메이션도 쉽게 찾을 수 있다. 영어권에서 어린 이용으로 제작된 TV 애니메이션도 좋다. 〈Caillou〉, 〈Peppa Pig〉, 〈Maisy Mouse〉 등이 대표적이다.

〈Caillou〉처럼 책과 영상이 둘 다 있으면 책 읽어주기, 영상 시청, 흘려듣기 등 반복 활용이 가능하다. 화면 전환도 빠르지 않고, 20분 내외로 길이도 짧다. 등장인물이 아이들과 또래면서 유치원, 학교, 가정 등 일상생활을 다루고 있어 아이들이 쉽게 동질감을 느낀다.

76쪽에 소개한 영상은 또래 아이나 동물이 주인공인 TV 시리즈물이다. 대부분 한 에피소드 길이가 30분 내외로 화면 전개가 빠르지 않고 자극의 정도가 덜하다. 같은 주인공이라도 연령대에 따라 다양한 수준의 시리즈가 제작되기도 하니 미리 확인하고 시청하자.

아이가 자라면 좀 더 영상 길이가 긴 TV 시리즈나 장편 애니메이션, 영화도 볼 수 있다. 시리즈물의 장점은 같은 주인공이 계속 나와 친숙하고 비슷한 수준의 문장, 어휘가 반복된다는 점이다. 새로운 내용을 이해해야 하는 부담이 덜하다. 이때도 영상 시청 시간은 1시간 이내로 제한하되, 주말 장편 영화는 2시간까지도 볼 수 있다는 원칙을 정하면 좋다. 영상은 반드시 가족 모두가 함께하는 거실 같은 공간에서 큰 화면으로 보자. 아이 손에 스마트폰을 들려주는 것은 금물이다. 태블릿 PC를 이용하더라도 아이 시력에 영향이 없을 정도의 거리를 유지하도록 하고, 기기 조작은 반드시 부모가 한다.

자막 없이 영어 영상 보기가 원칙이지만, 한글 자막을 동기 부여용이나 보상으로 활용할 수도 있다. 아이가 보고 싶어 하는 영화가 조금 어렵다면 일단 자막 없이 본 뒤, 한글 자막 버전으로 다시 보여주는 식이다. 모르는 어휘가 있거나 내용을 정확히 확인하고 싶을 때는 영어 자막도 보여줄 수 있다. 자막은 상황에 따라 유연하게 사용하는 것이 좋다.

🎖️ 미디어 리터러시를 기르려면

집에서 아무리 주의해도, 유치원 또는 친구를 통해 얼마든지 영상을 접할 수 있다. 디지털 기기 사용도 막을 수만은 없다. 아이가 학령기에 접어들면 '미디어 리터러시 교육'도 진지하게 고민해야 하는 까닭이다. '미디어 리터러시Media Literacy'란 다양한 미디어가 제공하는 정보를 비판적으로 이해, 활용, 표현, 소통할 수 있는 능력이다.[22] 이제는 각종 앱과 프로그램을 통해 정보를 비판적으로 받아들이고 자기 생각을 표현할 줄 알아야 한다. 가정에 영상 시청에 관한 규칙이 있고 절제를 배운 아이라면 디지털 기기 사용에 대해 부모와 이야기하기가 어색하지 않을 것이다.

영상에 관한 규칙을 세우는 과정은 힘들지만, 첫 과정만 잘 거치면 부모와 아이가 터놓고 대화하는 문화가 가정에 자리 잡는다. 그러면 이후 디지털 기기 사용과 영상 시청에 관한 문제가 생길 때도 대처가 쉬워진다. 함께 규칙을 만들고 지키려고 애쓰는 가운데 절제를 배우고 정서적 유대감도 쌓을 수 있다.

제목	특징	책 유무
메이지 마우스 Maisy Mouse	동명 시리즈물을 바탕으로 한, 취학 전 어린이들을 위한 영국 TV 애니메이션이다. 2000년 영국 아카데미 시상식에서 취학 전 어린이 애니메이션상을 수상했다.	○
헤이 더기 Hey Duggee	BBC에서 2~5세 아이들을 대상으로 방영한 TV 애니메이션 교육 프로그램이다.	DVD
마일로 Milo	2021년부터 방영 중인 영국 TV 애니메이션이다. 모험심 넘치는 5살 고양이 마일로가 친구 로프티, 라크와 함께 역할놀이를 통해 다양한 직업 세계를 탐험하는 이야기다.	X
맥스 앤 루비 Max & Ruby	동명 시리즈물을 바탕으로 한 캐나다의 어린이 TV 애니메이션이다.	○

사이먼 Simon	3~6세 어린이를 위한 애니메이션 시리즈이다. EBSe에서도 방영된다.		X
페파 피그 Peppa Pig	영국의 유치원생용 TV 애니메이션 시리즈다. EBS에서 한국어판, 영어판이 모두 방송되었다.		O
리틀 베어 Little Bear	캐나다의 어린이 TV 애니메이션으로 동명 그림책을 바탕으로 했다.		O DVD
까이유 Caillou	캐나다의 교육용 어린이 TV 애니메이션이다. 동명 그림책이 원작이다. 4살 소년 까이유가 주변 세계를 알아가는 과정을 그렸다.		O
다니엘 타이거 Daniel Tiger's Neighbourhood	미국 컴퓨터 TV 애니메이션 시리즈로 PBS KIDS에서 방영되었다.		O

우리 집 영어 루틴
만들기 실천표

'퀄리티 타임Quality time'이라는 말이 있다. 캠브리지 영어 사전은 '그 사람과의 관계가 소중하기 때문에 당신의 온전한 관심을 쏟는 시간'이라고 설명한다.[23] 아이와 함께 보내는 시간도 이 같은 양질의 시간이 되어야 한다. 우리나라 부모들이 아이와 함께하는 시간은 통계상으로도 다른 나라에 비해 매우 짧다(2016년 OECD 20개국 평균 2시간 30분, 우리나라 48분이다.[24] 2018년 초록우산어린이재단 조사에 따르면 평균 13분이라고 한다).[25]

영어 노출도, 잠자리 독서도, 결국 자녀와 부모 모두 행복해지기 위한 것이다. 자녀와 마주하는 시간이 짧다면 그 시간을 어떻게 보낼 것인지 우선순위를 진지하게 고민해야 한다. 어떤 상황이건 0순위는 눈을 맞추며 아이의 말을 들어주는 것이다. 영어 음원도 아이와 부모가 함께 소통하고 공감하는 소재가 될 때 의미가 있다. 그럼 잠자리 독서 등으로 구체적인 영어 노출 루틴을 만들어보자. 하루하루 실천한 것을 계획표에 눈에 보이게 표시하면 추진력을 얻을 수 있다.

《서울대생의 비밀과외》의 저자 안소린의 공부 계획표에서 힌트를 얻은 아래 계획표는 초등 시기까지 계속 쓸 수 있다. 1칸을 10분 단위로 만든 표를 꽉 채우면 하루 3시간까지 영어 노출이 가능하다. 물론 이보다 적어도 괜찮다. 꾸준히 하는 것이 제일 중요하다. 냉장고나 집 안 잘 보이는 곳에 계획표를 붙여놓고 수시로 들여다보자.

영어 루틴 만들기 실천표 예시

날짜	아침 듣기	오후 듣기	저녁 영상	잠자리독서
1/1(월)	Today is Monday	Mother Goose	Stella & Sam	My Friends
1/2(화)	My Friends	Brown Bear	Ella the Elephant	Snow
1/3(수)	Snow	Cocomelon	Simon	To Market
1/4(목)	To Market	Super Simple Songs	Peppa Pig	Cookie Jar
1/5(금)	Cookie Jar		Stella & Sam	Rosie's Walk
1/6(토)	Rosie's Walk	Five Little Monkeys	Simon	Big Green Man
1/7(일)	Big Green Monster	Mother Goose	Peppa Pig	Bear Hunt

아침 기상 이후부터 등원, 등교 전까지(1시간), 오후 하원, 하교 이후 쉬거나 이동 시(1시간), 저녁 식사 전(30분), 잠자리 독서(30분)를 10분 단위(1칸)로 형광펜 색깔을 달리하여 표시한다. 형광펜 위에는 책이나 영상의 제목을 쓴다. 자세히 쓰고 싶다면 표의 공간을 아래로 늘리고, 일주일 단위로 사용할 수도 있다. 아이 혼자 책을 읽을 수 있다면 아침과 오후 듣기 시간에 독서를 추가할 수도 있다. 영상 노출을 원치 않는다면 영상 시간을 듣기와 독서로 채워주면 된다.

아침 듣기는 아침에 일어나서 등원, 등교 전까지 1시간 정도를 활용한다. 익숙한 영어 노래와 어제 잠자리에서 읽었던 책의 음원을 번갈아 틀어준다. 잠자리에서 들은 영어 음원을 자고 일어난 뒤 맑은 머리에 한 번 더 가볍게 새겨준다고 생각하자. 자녀의 기상 시간을 일정하게 정해 아침 듣기 시간을 확보하는 것이 좋다. 일찍 일어나는 아이는 이 시간을 추후 듣기, 추가 독서 시간으로 활용할 수도 있다.

하원, 하교 후 집에서 쉬거나 간식 먹을 때나 차 안에서 이동하는 자투리 시간인 오후 듣기에는 이미 읽은 영어 책 음원이나 좋아하는 영어 노래를 들려준다.

저녁 영상은 식사 전 시간이다. 에피소드 한 편을 자막 없이 본다. 끝까지 함께 보는 것이 제일 좋지만 그게 어렵다면 첫 시작 5분만큼은 부모 중 한 명이라도 함께 보자. 본 내용에 대해 저녁 식사 시간에 함께 가볍게 이야기한다. 이때 단어의 뜻을 묻거나 외우게 하기보다는 아이의 생각이나 감정에 집중하는 게 좋다. 함께 식사하며 대화하는 시간은 자녀의 정서 안정에 큰 도움을 준다. 아침이든 저녁이든 가족이 함께 밥 먹으며 대화하는 것을 우리 집 문화로 만들자. 이 시간은 모두에게 즐겁고 기다려지는 시간이어야 한다.

상황에 따라 오후 듣기와 저녁 영상 시간은 달라질 수 있지만, 잠자리 독서만큼은 꼭 지키자. 부모와 함께 책을 보며 잠드는 기억은 소중한 추억으로 남는다. 분량이 짧아 여러 권 읽어줄 수 있다면 한글 책과 영어 책을 섞어서 읽어주자. 분량이 길어지면 날짜를 달리하며 한글 책과 영어 책을 번갈아 읽어줄 수도 있다. 부모 중 한 사람은 한글 책, 다른 한 사람은 영어 책 읽어주기로 역할을 나눠도 좋다.

영어 루틴 만들기 실천표

날짜	아침 듣기					오후 듣기					저녁 영상		잠자리 독서	
월 일 (요일)														
월 일 (요일)														
월 일 (요일)														
월 일 (요일)														
월 일 (요일)														
월 일 (요일)														
월 일 (요일)														
월 일 (요일)														
월 일 (요일)														
월 일 (요일)														
월 일 (요일)														
월 일 (요일)														
월 일 (요일)														
월 일 (요일)														
월 일 (요일)														
월 일 (요일)														
월 일 (요일)														

CHAPTER 4

1학년,
천천히 알파벳 익히며
영어 문장 읽어보기

1학년 영어 1년 계획

학기/방학	영어 공부 중점 사항	타 과목 공부 중점 사항
1학기	☞ 기본 루틴 - 아침 식사 때 영어 노래, 영어 음원 듣기 - 오후 자투리 시간에 영어 음원 듣기 - 저녁 식사 전 영어 영상 보기 - 자기 전 한글 책, 영어 책 읽어주기 (기본 루틴은 초등 6학년까지 지속한다.) • 노래, 놀이로 알파벳 익히기	• 학교 적응하기 • 알림장 확인하고 가방 챙기기 • 국어 교과서 낭독하기 • 한글 그림책, 동화책 읽기 • 수학익힘책 풀기 • 주말에 도서관 가기 • 운동하기(주 2회 이상)
여름 방학	☞ 기본 루틴 • 파닉스(기초) 배우기 • 리더스북(파닉스 리더스북, 리더스북 첫 단계) 청독, 낭독하기 • 단어 따라 쓰기(주말) + 카드 게임	• 규칙적인 생활 습관 들이기 • 한글 책 다독하기 • 일기 쓰기(3줄 이상, 주 2회) • 독서록 쓰기(주 1회 이상) • 주중 + 주말 도서관 가기 • 운동하기(주 3회 이상) • 여행 등 다양한 경험하기
2학기	☞ 기본 루틴 • 파닉스(심화) 배우기 • 영어 책(리더스북, 그림책) 함께 청독, 낭독하기 • 가족에게 책 읽어주기(주말) • 한 문장 따라 쓰기(주말)	• 국어 교과서 낭독하기 • 한글 그림책, 동화책 읽기 • 일기, 독서록 쓰기 (주 1회 이상) • 수학익힘책 풀기 • 주말에 도서관 가기 • 운동하기(주 2회 이상)
겨울 방학	☞ 기본 루틴 • 사이트워드 리더스북 읽기 • 사이트워드 목록 활용해 읽기 점검하기 • 영어 책(리더스북, 그림책) 함께 청독, 낭독하기 • 그림 사전 읽기(세이펜 활용) • 한 문장 따라 쓰기(주 2회) [선택] 영어 교재 1권 풀어보기	• 한글 동화책 읽기 • 일기 쓰기(5줄 이상, 주 2회) • 독서록 쓰기(주 1회 이상) • 1학년 수학 복습 문제집 풀기 • 주중 + 주말 도서관 가기 • 운동하기(주 3회 이상) • 여행 등 다양한 경험하기

학교 적응이
최우선

초등학교 1학년 교육 과정 목표는 '학교 적응'이다. 모든 1학년 아이에게 교실은 물론 학교라는 공간 자체가 낯설다. 특히 1학기 때는 새로운 일과표와 바뀐 환경에 안정적으로 적응하는 것이 최우선이다. 저학년은 규칙적인 일과의 반복에서 안정감을 느낀다. 등하교 전후로 규칙적인 생활 습관과 기본 생활 태도를 잡는 것이 중요하다.

1학년 때는 한글 읽고 쓰기와 독서 습관이 정착되어야 한다. 이는 향후 학교 생활에서의 성공 경험, 학습과 문해력의 기초, 영어 실력을 결정한다. 한글 읽고 쓰기가 자유롭다면 그림책을 낭독하면서 읽기 유창성을 기를 필요가 있다. 교과서에 나오는 글은 가능한 한 모두 낭독시키고, 한글 그림책과 동화책도 꾸준히 읽힌다. 학교 독서록이 있다면 적극 활용하자. 대개 학교 시상과 연계되어 좋은 동기부여가 된다.

1, 2학년은 2024년부터 2022 개정 교육 과정이 적용된다. 지금 제시하는 내용은 그 이전에 쓰여 교과목의 내용과 이름에 차이가 있을 수 있다는 점을 유념하자.

🎓 교과목 공부

• 국어

2022 개정 교육 과정에서는 한글 해득 교육과 기초 문해력 강화를 위해 1, 2학년 국어 시간이 각 34시간씩 늘어난다.

태어나면서부터 듣고 말해온 한국어라도, 문자 체계인 한글과 연결하는 것은 고도의 인지 작업이기 때문에 아이들에게 한글 읽기는 결코 만만한 과제가 아니다. 글자 읽는 법, 자모 조합의 원리에 대해 학교에서 배운 뒤에 집에서 반드시 읽고 쓰는 연습을 추가로 해야만 한다.

글자 읽기의 원리를 배우더라도 문장을 제대로 읽기까지는 많은 연습과 시간이 필요하지만, 취학 전 부모가 책을 많이 읽어준 아이는 음성 언어 어휘가 많이 쌓여 있어 한글 익히는 속도도 빠르다.

• 수학

2022 개정 교육 과정은 수학을 수와 연산, 변화와 관계, 도형과 측정, 자료와 가능성, 이렇게 4개 영역으로 제시한다. 1학년에서는

공깃돌이나 바둑알 같은 구체물을 가지고 수를 하나씩 세어보고, 10 모으고 가르기를 하며 수와 양의 감을 익힌다. 이 시기에는 문제풀이를 많이 시키기보다 교과서의 기본 개념을 읽고 이해하도록 수학 교과서, 수학익힘책의 문제를 복습하는 습관을 들여야 한다.

• 통합교과

바른생활, 즐거운 생활, 슬기로운 생활이 하나로 통합된 교과다. 음악, 미술, 체육, 사회, 과학, 도덕의 기초 내용과 안전교육이 들어가 있다. 2022 개정 교육 과정에서는 기존 교과서의 이름과 그 수도 바뀌며, 즐거운 생활 교과에 실내외 놀이와 신체 활동이 강화된다. 이 연령대의 아이들에게는 소근육 발달을 위한 조작 활동, 신체 활동이 발달 단계상 매우 중요하기 때문이다.

⬆ 영어: 1학년 1학기

• 취학 전부터 영어 노출을 해왔다면

1학년 때는 멈추지 않고 꾸준히 영어 노출만 해줘도 성공이다. 식사 시간, 잠자리 독서 시간에 아이의 변화된 생활, 학교 적응에 대해 살피고 이야기해보자. 아이가 영어 그림책과 영상을 꾸준히 듣고 봐왔으며 한글도 해득했다면 1학기에 '1학년 여름방학' 부분에 제시한 '파닉스-알파벳 읽고 쓰기'를 시작해도 좋다.

• 처음 영어를 시작한다면

1학년도 영어 공부를 시작하기 좋은 때다. 단, 아이가 한글을 해득했고, 독서 습관을 제대로 들였다는 가정 아래 말이다. 이 부분 먼저 점검하자. 영어를 처음 접하는 아이는 일상에서 먼저 영어 소리에 익숙해지는 것이 중요하다. 알파벳 노래 또는 알파벳을 주제로 한 그림책이나 영상을 반복해서 보여주자. 파닉스는 알파벳 모양과 이름을 모두 식별할 수 있을 때 시작하는 것이 좋다.

• 아이 루틴에 영어 끼워 넣기

1학년 1학기부터 아이의 루틴에 조금씩 영어를 끼워 넣자. 학교에 적응하는 시기이므로 부담 없이 즐겁게 하는 것이 가장 중요하다. 잠자리 독서, 기상 후 등교 전까지 지난밤 읽어준 책의 음원이나 영어 노래 듣기, 하교 후 자투리 시간에 영어 음원 듣기, 저녁 먹기 전 영어로만 영상 보기, 이 4가지 '기본 루틴'은 초등학교 시절 내내 이어나간다고 생각하자.

입학 후 처음으로 영어를 접했다면 아이가 거부 반응을 보일 수도 있다. 한글 책보다 짧은데도 이해가 안 되는 언어를 공부하다 보니 듣기 싫다거나 해석해달라고 떼쓰기도 한다. 외국어로 영어를 접하는 이상 어쩔 수 없이 겪는 문제다. 자연스러운 반응임을 받아들이고 대처 방법을 고민해보자.

이럴 때는 영어 그림책을 추천한다. 그림에 많은 내용이 담긴 책으로 시작해 거부감을 줄이는 것이다. 표지 그림을 보며 한국말로 대화하는 것도 좋은 시작이다. 그림으로 내용을 추측하고, 음원을 듣는다. 부모가 읽어줘도 좋다. 수시로 "What's this?", "Who is it?" 같은 질문을 던져 영어에 익숙해지게 만들자.

책을 여러 번 봐서 아이가 내용에 익숙해졌다면, 음원을 들으며 손가락으로 문장을 짚어보게 한다. 소리를 문자와 일치시켜보는 것이다. 이 같은 집중듣기는 영어를 늦게 시작한 아이들에게 동시에 소리와 문자를 노출할 수 있는 좋은 방법이지만, 고도의 집중력이 필요하다. 그러므로 아이가 집중할 수 있는 시간만큼만 조금씩 시도한다.

알파벳의 모양과 이름, 대표적인 소릿값을 알고 사용할 수 있다면 파닉스를 시작하기도 수월하다. 만약 아직 알파벳을 모른다면 노래나 놀이로 알파벳 모양, 이름, 소릿값을 먼저 익혀보자.

🎓 영어: 1학년 여름방학

방학 때도 잠자리 책 읽기, 아침 음원 듣기 등의 기본 루틴은 유지한다. 영어 공부를 자연스러운 하루 일과로 만들어야 한다. 더불어 1학년 여름방학은 영어 노출량을 늘려주기 정말 좋은 시기다. 이때는 하루 3시간까지 영어 노출을 시도할 수 있다. 아이가 힘들어하지 않는 선에서 천천히 시간을 늘려나가자. 영어 노출 시에는 아이가 좋아하며 익숙한 소리(이미 접해본 노래, 음원, 영상 등)를 들려줘야 한다는 점을 명심하자. 새로운 내용을 바로 들려주는 것은 의미 있는 노출이 되기 어렵다.

• 파닉스 시작하기

방학에는 새로운 학습 방법을 시작하고, 습관을 들이기가 좋다. 한글을 읽고 쓰는 게 자유롭고, 1학기 동안 기본 루틴이 자리 잡았다면 영어 문자를 학습할 준비가 된 셈이다. 이것이 1학기에 영어 소리에 익숙해지는 연습을 해온 까닭이다.

파닉스는 머릿속에 음성 어휘가 쌓인 원어민 아이들을 위해 만들어진 방법이므로, 영어 노출이 전혀 없는 상태에서 파닉스를 바로 시작하는 것은 매우 큰 인지적 부담이 된다. 파닉스 기본 내용을 미리 살펴보고(98쪽 참고), 아이에게 알맞은 교재를 선택하자.

• 단어 쓰기 + 카드 게임

파닉스 교재를 학습할 때는 교재 수록 단어도 복습해보자. 주 1회 정도를 추천한다.

파닉스 학습으로 발음할 수 있는 단어가 늘어났다면 카드 활동을 추가하자. 두께 있는 종이를 잘라도 되고, 문구점에서 파는 빈 카드를 활용해도 된다. 아이가 좋아하는 영어 그림책의 제목이나 본문 단어를 카드에 적는다. 카드 개수는 3개 정도로 시작해 익숙해지면 점차 개수를 늘린다. 단어 카드로 게임도 할 수 있다. 한 사람이 카드에 적힌 단어 중 하나를 외친다. 그러면 나머지 사람들이 재빠르게 그 단어가 적힌 카드를 찾고, 먼저 카드를 집는 사람이 점수를 얻는다. 잘 맞히면 칭찬하고, 같이 낭독해본다. 해당 단어가 우리 집에 있는 물건이라면 그 위에 카드를 붙여놓는다.

단어 찾기가 익숙해지면 문장 단위로도 확대할 수 있다. 그림책의 제목이나 짧은 문장의 각 단어를 개별 카드에 적는다. 카드를 섞어놓고 누가 더 빨리 원래 문장대로 맞히는지 시합해도 재미있다. 책에서 문장 하나를 뽑아서 그 문장이 있는 그림책 쪽수를 먼저 맞히는 게임도 할 수 있다.

🎓 영어: 1학년 2학기

여름방학 동안 집중적으로 영어 노출과 파닉스 학습을 했다면, 아이가 읽을 수 있는 영단어도 제법 많아졌을 것이다. 1학년 2학기는 파닉스 뒷부분의 심화 내용(이중 자음과 이중 모음)을 공부하면서 리더스북 단계를 높이고, 듣고 읽는 양을 늘릴 때다. 듣고 읽는 자료가 한 수준에 오래 머물러 있더라도 걱정할 필요 없다. 반복 학습 중에 영어 기본기의 뿌리는 깊어진다.

• 아이와 함께 낭독하기

아이가 이제껏 부모가 읽어주는 것을 듣기만 했다면, 지금부터는 아이와 함께 낭독해보자. 이미 잘 아는, 익숙한 책으로 시작하는 것이 좋다. 천천히 또박또박 낭독하다 보면 영어 발음 연습에도 큰 도움이 된다.

• 가족에게 책 낭독하기

잠자리 독서로 꾸준히 함께 책을 읽어왔다면 몇몇 책은 거의 외울 정도일 것이다. 아이가 스스로 소리 내 한 권을 끝까지 읽을 수 있다면, 가족들 앞에서 낭독을 시켜보자. 아이는 스토리텔러가 되고, 가족들은 관객이 되는 것이다. 나서기 어려워하는 아이는 옆에 앉아 편한 크기의 목소리로 읽게 해본다. 이때는 아이가 소리 내 읽은 것 자체를 크게 칭찬해야 한다. 실수해도 지적하지 말고, 영어 낭독에 자신감을 갖도록 하는 것이 중요하다.

• 한 문장 따라 쓰기

아이가 좋아하는 책의 한 장면에서 문장 하나만 공책에 완전문(full sentence)으로 적어보게 하자. 이때는 영어 공책에 알파벳 크기, 구두점, 띄어쓰기를 모두 지켜서 정확히 베껴 쓰도록 하는 것이 좋다. 아이가 읽은 책은 별도의 표나 공책에 제목, 저자, 읽은 날짜를 기록한다. 아이가 어느 정도 알파벳을 정확하고 바르게 쓰게 되면 그때는 리딩로그reading log(187쪽 참고)에 한 문장 쓰기를 진행한다.

🎓 영어: 1학년 겨울방학

• 사이트워드 점검하기

아이가 영어 문장을 조금씩 읽을 수 있다면, 사이트워드(108쪽 참고)를 점검해보자. 수준에 맞는 영어 책을 꾸준히 읽어왔다면 이미 많은 사이트워드를 알고 있을 것이다. 이번 방학은 사이트워드를 어느 정도 읽을 수 있는지 파악하는 것으로 생각하자.

• 그림 사전 활용하기

어린이용 영어 종이 사전은 다양하다. 그중 그림 사전은 문자를 잘 모르는 그림책 단계에서부터 활용할 수 있다. 알파벳 순서 사전도 있고 색깔, 동물, 교통수단 등의 주제별 사전도 있다. 이렇게 그림이나 사진이 함께 주제별로 나온 사전은 어휘 사전이면서 백과사전이다.

초급용 사전은 300~1,000단어 수준으로 대부분 음원 CD를 제공하거나 세이펜 기능이 있다. 주제별 사전은 비문학 리더스북 초기 단계에서 비슷한 주제가 나올 때 활용하면 주제별 어휘를 확장하는 데 도움이 된다. 사진과 그림이 있어 사전 자체만으로도 보는 재미가 있다. 다음은 국내에 많이 알려진 대표적인 영어 그림 사전이다.

영어 그림 사전

《DK My First Dictionary》
(1,000 단어, 세이펜 적용,
알파벳 순서)

《DK My First Word Book》
(1,000 단어, 세이펜 적용,
주제별 분류)

《Longman Young Children's
Picture dictionary》
(800단어, 주제별 분류,
음원 CD)

유아 시절부터 영어 그림책이나 영상을 봤다면, 그림 사전도 함께 보면 좋다. 그림 사전은 백과사전처럼 쓰는 것이 적합한데 단어 수가 충분하지 않기 때문이다. 수시로 펼쳐놓고 단어와 그림을 함께 짚어보며 사전과 친해지게 하자. 음원이나 세이펜을 이용해 소리를 들려주거나 단어 빨리 찾기 게임을 하는 데 활용할 수도 있다.

영어 그림책 읽어주기

《Olivia》by Ian Falconer

쉴 새 없이 움직이는 사랑스러운 돼지 올리비아의 하루를 따라가는 그림책. 2001년 칼테콧상 아너를 수상했다. 올리비아의 행동을 보며 뭘 잘하고, 뭘 좋아하는지 아이와 대화를 나눠보자.

• 읽기 전 활동(pre-reading)

표지의 제목과 작가 이름을 읽는다(저자 이름을 읽기 어려울 때는 QR 코드를 통해 홈페이지에서 원어 발음을 들어본다).

howtopro-
nounce.com

그림책의 앞표지와 뒤표지 속 그림을 보면서 대화를 나눠본다.

(예시 문답)

Q: Who is this?

A: It's a Pig.

Q: What is her name?

A: Olivia!

Q: What color is her dress?

A: Red!

Q: What color are her socks and cap?

A: Red!

Q: How does she look?

A: She looks happy. she's smiling.

그림에 대해 아이와 충분히 대화하며 이야기를 예상할 수 있다면 한국어로 대화해도 괜찮다.

• 읽기 중 활동(while-reading)

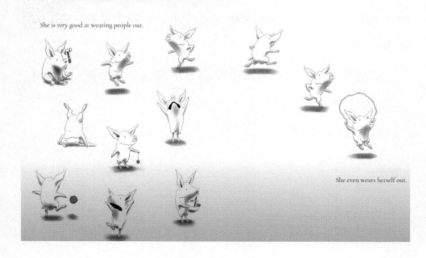

위 이미지를 보면 두 문장뿐이지만, 올리비아의 동작은 무려 12개다. 문장만 읽지 말고, 각각의 동작을 살펴보며 올리비아가 무엇

을 잘하는지 이야기해보자. 처음에는 한국어로 대화한다.

"올리비아가 쉬지 않고 저렇게 행동하면 주변 사람들은 어떨까?"

"정신없을 것 같아요." "지칠 것 같아요."

그다음에는 그림을 통해 책에 있는 다음 문장의 의미를 유추해 보자.

"Yes, she is very good at wearing people out."

(맞아, 그녀는 사람들을 무척 지치게 해.)

처음에는 한국어로 이야기하고 넘어가도 된다. 2~3번째 읽을 때는 동작 그림을 각각 짚으며 영어로 말해본다.

"She is good at jumping."

"She is good at running."

• 읽기 후 활동 (post-reading)

《Olivia》는 활달한 첫째 올리비아와 누나를 늘 따라 하고 싶어 하는 남동생의 이야기다. 남매가 있는 집이라면 온 가족이 공감할 수 있다. 우리 가족과 어떤 점이 비슷하고 다른지 이야기해보자.

파닉스,
글자와 소리 연결하기

한글 표준 발음법에서는 자음 19개, 모음 21개가 각각 하나의 소리를 낸다. 예외가 없어서 각 자모의 소리를 알고 글자를 익히면 누구나 한글을 읽을 수 있다. 하지만 이는 글자가 어떻게 소리 나는지 안다는 뜻이지 의미를 바로 이해한다는 뜻은 아니다.

그렇다면 파닉스만 배워 영어 단어를 읽는 것은 어떨까? 영어는 26개의 알파벳이 44개의 음소(소릿값)를 가지고 있다. 글자와 소리가 일대일로 대응하지 않는 것이다. 모음 5개(a, e, i, o, u)가 단어에 따라 다른 소리를 내는 경우가 많기 때문이다. 어원도 다양하다. 일례로 1066년 영국 헤이스팅스에서 벌어진 전투에서 프랑스 노르망디 공국의 윌리엄 대공이 승리하고 왕위를 계승하면서 영어에 프랑스어가 대거 유입되었다.[26] 'beef(소고기)', 'pork(돼지고기)' 같은 단어가 프랑스어에서 유래했다.

프랑스어에서 유입된 외래어는 약 29퍼센트로 행정, 법률, 문화 분야에서 많이 쓰인다. 라틴어에서 차용된 단어는 29퍼센트 정도인데 학문, 기술 분야에서 많이 쓰인다고 한다.[27] 영국인들이 사용하는 순수 영어 어휘는 약 26퍼센트로, 주로 일상생활에서 쓰인다. 파닉스 규칙이 적용되는 것은 주로 이 같은 순수 영어 어휘들인데, 전체 영어 어휘에서 대략 80퍼센트 정도만 파닉스 규칙을 따른다고 본다.[28]

🎓 알파벳의 모양, 이름, 소리 알기

파닉스 규칙을 배우기 전에 알파벳 대소문자의 모양과 이름, 소리부터 익혀야 한다. 알파벳은 그 이름과 소리가 다르다. 알파벳의 이름만 알려주고 바로 단어 읽기로 넘어가면, 아이는 혼란스러워진다. 예를 들어 알파벳 B의 이름은 비[bi]이지만 소리는 브[b]로 난다 (정확히 같은 소리는 아니지만 편의상 한글로도 표기했다). 각 알파벳의 소릿값을 듣고 구분할 줄 알아야 한 단어에서 음소들을 조합해 단어를 읽어낼 수 있다. 이 과정을 음소 인식(Phonemic Awareness)이라고 한다. 음소 인식은 파닉스의 가장 기본 단계다. cat[kæt]과 bat[bæt], 이 두 단어의 의미 차이를 만드는 음소는 c[k]와 b[b]인데, 여기서 알파벳 c가 [k]로, b가 [b]로 소리 난다는 것을 알아야 두 단어를 구별해 읽을 수 있다. 또 소리를 구분할 수 있어야 입으로 그 소리를 내고, 문자와 연결할 수 있다.

낯선 글자에 익숙해지는 데는 시간이 걸린다. 게다가 영어는 대소문자를 따로 익혀야 한다. 알파벳 노래나 〈Alphablocks〉 같은 관련 영상을 보면서 가볍게 시작하자. 영어 그림책에서 알파벳 모양 찾기, 몸으로 알파벳 모양 만들어보기, 클레이나 유토로 알파벳 모양 만들기 등의 활동도 도움이 된다. 몸으로 하는 활동은 소근육 발달에도 좋다. 1~2학년 때 알파벳을 처음 배울 때는 이런 활동을 먼저 한 후에 워크시트에 글자 쓰는 활동으로 넘어가자.

관련 교구들로 집 안에 알파벳 코너도 만들어보자. 알파벳 포스터, 자석 칠판과 알파벳 자석, 유토 혹은 클레이를 준비한다. 자석은 대소문자가 같이 있는 것을 추천한다. 보관함 각 칸에 알파벳의 이름을 스티커로 붙이고 아이가 직접 넣어보게 만들면 글자 인식에 도움이 된다. 시중에 글자별로 보관할 수 있는 케이스가 함께 나온 제품도 있다.

알파벳을 주제로 한 그림책도 이 시기에 자주 보여주자. 《Tomorrow's Alphabet》은 해당 알파벳으로 시작하는 단어와 그림, 그 그림의 과거 모습을 반복된 문형으로 제시해 상상력을 자극한다. 《Alphabet City》는 도시 구석구석에서 찾을 수 있는 알파벳 모양을 담은 그림책이다. 책을 읽고 나서는 주변(간판, 물건이나 옷의 브랜드 이름)에서 해당 알파벳을 찾는 놀이를 해도 재미있다.

알파벳 그림책		**《Chicka Chicka Boom Boom》** by Bill Martin Jr., John Archambault 알파벳 소문자들이 코코넛 나무에 올라갔다 내려오는 과정을 아이들이 노는 모습처럼 표현했다. 반복되는 문형과 리듬감이 소리 내 읽는 재미를 준다. 문장이 다소 길어 음원이나 세이펜을 함께 활용하는 것을 추천한다.
		**《Tomorrow's Alphabet》** by George Shannon 해당 알파벳으로 시작하는 단어와 그림, 그 그림의 과거 모습을 함께 보여준다. 예를 들어 알파벳 B와 알(eggs) 그림, 그리고 새(birds) 그림이 양면에 함께 나와 서로 연계된 단어들을 연결해 생각해볼 수 있다.
		《Alphabatics》 by Suse McDonald 왼쪽에는 알파벳, 오른쪽에는 해당 알파벳으로 시작하는 단어와 그림이 나온다. 해당 알파벳이 오른쪽 그림으로 변해가는 모습을 3~4단계에 걸쳐 나타낸 것이 특징이다. 그 과정을 보며 어떤 그림이 나올지 상상하며 대화할 수 있다.
	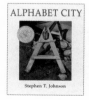	**《Alphabet City》** by Stephen T. Johnson 1996년 칼데콧상 아너 수상작이며 그림으로만 구성된 책이다. 도시 곳곳에 숨겨진 알파벳을 찾아내는 재미가 있는 작품이다. 아이와 함께 그림에서 알파벳을 찾아보고, 집 안이나 집 밖 풍경에서 알파벳 모양을 찾는 활동을 할 수 있다.

알파벳 영상	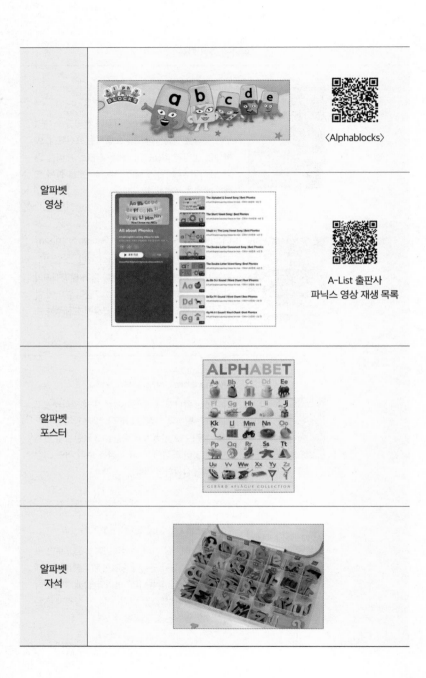 〈Alphablocks〉 A-List 출판사 파닉스 영상 재생 목록
알파벳 포스터	
알파벳 자석	

🎓 알아두면 좋은 파닉스 규칙과 대표적인 파닉스 교재, 파닉스 리더스북

　파닉스 규칙을 한 번에 다 학습할 필요는 없다. 그렇게 해서도 안 된다. 영어에 대한 아이의 흥미를 떨어뜨리기 때문이다. 어차피 교재를 다 마쳐도, 파닉스 규칙을 완벽히 숙지하기는 어렵다. 아이가 이중 자음이나 이중 모음 부분을 어려워하면, 아직 인지적으로 받아들일 준비가 되지 않은 것이다. 각 자음의 소리, 단모음 등 기본 파닉스 규칙이 적용된 리더스북과 아이가 좋아하는 그림책, 영어 영상을 함께 보고 들으며 영어 노출량을 늘려준 후 준비가 됐을 때 다시 학습하면 된다.

　시중에 판매되는 파닉스 교재는 대부분 '알파벳 소리 음가 구별하기 – 알파벳 읽고 쓰기 – 단모음 – 장모음 – 이중 자음 – 이중 모음' 순서로 구성된다. 그럼 초등학교 영어 교과서는 파닉스를 어떻게 제시할까? 초등 영어의 목표 중 하나가 '소리와 철자와의 관계를 아는 것'이지만, 실제로 파닉스에 할애할 수 있는 시간은 매우 적다. 공교육 영어가 시작되는 3학년 때는 한 단원을 4차시에 마친다. 파닉스는 읽고 쓰기에 해당하는 3차시 때 다루는데 시간은 10분이 채 되지 않는다.

　영어 교과서는 보통 한 단원에서 각 알파벳 대소문자의 이름과 대표 음가를 3~4개씩 다룬다(첫 단원에서 A~Z를 다 다루는 교과서도 있다). 그 후 비슷한 조음 위치에서 소리가 나는 자음들을 쌍으로 배우거나(p-b, d-t) 혹은 1개씩 배운다. 어떤 교과서는 각 알파벳 소릿값, 단모음이 3~4학년 동안 2년에 걸쳐 나온다. 5~6학년에는 연속 자음(예를 들어 fr-, sp-), 이중 자음(cl-, sh-), 이중 모음(-ow)이 나온다. 배우는 순서에는 무리가 없지만, 4년의 초등 영어 과정을 다 마쳐도 파닉스 규칙을 다 배울 수는 없는 셈이다.

결론적으로 학교 영어 수업 시간만으로는 6학년까지도 파닉스를 제대로 마치기 어렵다. 그런데도 교과서 본문에서 다루는 어휘량은 늘고, 수준은 어려워진다. 학교 수업에서 처음 영어를 접한 아이들은 따로 공부하지 않으면 고학년이 되었을 때, 영어 교과서도 혼자 읽기 어렵다. 적은 시수 안에서 듣기, 말하기, 읽기, 쓰기 영역을 모두 다뤄야 하는 교육 과정의 어쩔 수 없는 한계다.

그럼 3학년 이전부터 사교육으로 파닉스를 공부해야 하는 것일까? 그것도 하나의 방법이지만, 장기간 파닉스 규칙만 배우는 곳은 추천하지 않는다. 아이가 영어를 파닉스 규칙을 암기하는 것이라고 생각할 수 있기 때문이다. 파닉스는 영어를 잘하기 위한 방법 중 하나일 뿐이다. 파닉스도 영어 책과 영상 등을 통해 재미있게 배워야 한다.

교재와 영상 자료를 적절히 활용하면 집에서도 파닉스 공부를 할 수 있다. 고등 교육을 받은 부모라면 대부분 교재를 이해할 수 있을 것이다. 다음은 파닉스의 기본적인 내용이다. 조금 어렵게 느껴질 수도 있다. 나한테 어렵다면 우리 아이에게도 어려울 수 있다는 것을 헤아려주자. 대개 단모음 – 장모음 – 이중 자음 – 이중 모음 순서로 파닉스를 익힌다. 자음은 c와 g가 2가지 소리를 내고(예를 들어 cat-city, game-giraffe) 나머지는 모두 1개 자음이 하나의 소릿값을 갖는다. 그중에서도 모양이 비슷한 글자 b/d, p/q 등은 아이들이 많이 헷갈려 하니 시간차를 충분히 두고 한 글자를 먼저 익힌 다음, 다른 글자를 소리와 함께 익히는 것이 좋다.

문제는 모음이다. 5개의 모음이 여러 소리를 내는데다 2개가 연속되면 또 다른 소리가 나 경우의 수가 많다. 모음은 첫소리와 끝소리가 변하지 않고(입 모양이 변하지 않고) 길이가 짧은 단모음 소리 5개를 먼저 배운다. 자음과 단모음만으로 된 단어를 읽으며 블렌딩한다. 블렌딩이란 c[k]-a[æ]-t[t] 세 음소를 합쳐 'cat'라는 한 음절로 소리 내는 것을 말한다. 단어가 길어질수록 블렌딩이 어렵다. 한 번에 모든 음소를 합치려고 하지 말고, 앞의 두 글자 c-a를 먼저 ca로 만든 다음 거기에 다음 글자 t를 붙여 발음하는 식으로 차례대로 합치며 연습하는 것이 좋다.

장모음은 a, e, i, o, u, 5개 모음이 알파벳의 이름대로 소리가 나며 상대적으로 길게 발음한다. 대표적인 경우가 'Magic e'라고 불리는 규칙인데 '자음+모음+자음+e'로 된 단어에서 끝의 e는 소리가 나지 않고, 앞에 나오는 모음은 모음의 이름대로 소리가 나는 것이다. 예를 들면 'cane', 'kite', 'cube' 같은 단어들이다. 자주 등장하는 단어들이므로 충분히 낭독하게 해보자.

자음 2개가 연속되는 이중 자음은 2가지 경우가 있다. 첫 번째는 'play'처럼 p와 l 소리가 그대로 연결되는 것으로 연속 자음이라고 한다. 두 번째는 'lunch'의 ch처럼 c, h 소리가 각각 연속으로 나는 것이 아니라 전혀 새로운 [ʧ]소리를 내는 것이다. ch[ʧ], ph[f], sh[ʃ], th[θ], th[ð], kn[n], gh[g] 등이 있다.

모음 2개가 연이어 나오는 경우도 있다. 바로 이중 모음이다. 이중 모음에서 유용한 규칙은 2개의 모음이 연속으로 나오면 첫 번째 모음의 알파벳 이름으로 소리가 난다는 것이다. 이를 'First vowel talking'이라고 한다. 'brain', 'each', 'coat' 등의 단어가 있다. 이외에도 알파벳 w, y는 모음 앞에 있을 때는 자음으로(예를 들어 win[wɪn], yes[jes]), 다른 모음 뒤에 있을 때는 모음으로(cow[kaʊ], boy[bɔɪ]) 발음되어 반자음(또는 반모음)이라고 부른다. 규칙이 복잡해질수록 암기보다는 책을 읽으며 문장 안에서 자주 접하는 것이 효과적이다.

파닉스 교재는 4~5권짜리에 워크북이 딸린 것도 있고, 1~2권으로 정리할 수 있게 나온 것도 있다. 4~5권짜리 교재에는 파닉스 규칙 외에도 부가적인 활동이나 낱말 카드 등의 자료가 딸려 있다. 취학 전이나 저학년에 파닉스를 배우는 경우 유용하다. 1~2권짜리 교재는 영어 입력이 어느 정도 쌓이고, 공부 습관이 잡힌 중학년 이상에게 적당하다. 다음은 시중에서 많이 쓰이는 파닉스 교재와 파닉스 리더스북이다.

파닉스 교재

《EFL Phonics》	《Let's Go to the English World Phonics》	《Smart Phonics》	《Spotlight on First Phonics》
《Phonics Monster》	《가장 쉬운 초등 필수 파닉스 하루 한 장의 기적》	《기적의 파닉스》	《바쁜 초등학생을 위한 빠른 파닉스》

파닉스 리더스북

《Scholastic Phonics Readers》	《Now I'm Reading》

《Usborne Phonics Readers》	《Bob Books》

사이트워드,
자주 쓰이는 어휘 익히기

🎓 사이트워드란 무엇인가

'사이트워드Sight Words'란 보자마자 한눈에 인지할 수 있는 단어나 어휘로 '일견어휘一見語彙'라고도 한다. 파닉스, 사이트워드 모두 영어로 된 글을 빠르게 읽어내는 데 도움을 준다. 여기서 읽어낸다는 것은 우리 눈이 그 단어가 무슨 단어인지 파악하기 위해 머무르는 시간을 최소화하는 것을 말한다. 즉, 사이트워드란 자주 쓰이기 때문에 보자마자 인지해야 하는 단어다. 미국에서 만들어진 돌치와 프라이의 어휘 목록, 2가지가 가장 유명하다.

에드워드 돌치Dr. Edward William Dolch는 1930~1940년대 당시 어린이 책에서 가장 빈번하게 등장하는 단어들로 돌치 목록을 만들었다. 프라이 어휘 목록도 1950년대 에드워드 프라이Dr. Edward Fry가

3~9학년 읽기 자료에 가장 공통적으로 등장하는 단어들을 모은 것
이다. 1980년대에 업데이트되었고, 현재는 1,000개로 확장되었다. 학
년별, 빈도별 목록도 제시한다. 국내에서는《영어책 읽기의 힘》에서
고광윤 교수가 기존 목록을 수정 보완하여 '필수 일견어휘 목록
268단어'를 제시하기도 했다.

그럼 어떤 목록을 보는 게 좋을까? 사실 어떤 목록을 사용해도
괜찮다. 목록끼리 단어가 많이 겹치기도 한다. 사이트워드 홈페이지
에는 돌치, 프라이 목록이 모두 올라와 있고 활용 방법도 자세히 나
와 있으니 참고하자.

🏠 사이트워드에는 어떤 단어가 있을까?

돌치 목록의 일부를 살펴보자.

돌치 사이트워드 목록 중 일부(미국 학년 기준)

유치원 전 수준 (40개)	유치원 수준 (52개)	1학년 (41개)	2학년 (46개)	3학년 (41개)	일반 명사 (95개)	
a	all	after	always	about	apple	home
and	am	again	around	better	baby	horse
away	are	an	because	bring	back	house
big	at	any	been	carry	ball	kitty
blue	ate	as	before	clean	bear	leg
can	be	ask	best	cut	bed	letter
come	black	by	both	done	bell	man
down	brown	could	buy	draw	bird	men

출처: https://sightwords.com/sight-words/dolch/#lists

이 목록은 아이의 수준에 맞게 사이트워드를 단계별, 학년별로 구분했고, 고빈도 명사 95개를 따로 분류했다. 관사(a, the), 접속사(and, but), 전치사(in, by)처럼 문법적으로 기능하는 단어가 많은 것을 알 수 있다. do, does, did, done처럼 같은 동사의 변형 형태도 별개 단어로 다룬다. 파닉스 규칙에 맞지 않는 단어들도 많다. 이런 단어들은 그대로 기억해야 한다.

🏠 사이트워드 목록과 워크시트 활용법

사이트워드 목록에는 초등 저학년에게 설명하기 어려운 단어들이 많다. 관사, 전치사 같은 기능어와 do, get, take처럼 문맥에 따라 뜻이 달라지는 동사들이 특히 그렇다.

영어 원어민 아이들은 이 단어들을 문자로 읽기 어려울 뿐, 어떤 문맥에서 어떻게 사용되는지는 이미 상당 부분 알고 있다. 사이트워드는 문장과 문맥 속에서 익혀야 한다. 하지만 영어를 외국어로 배우는 아이들에게는 쉽지 않은 일이다. 사이트워드만 기계적으로 수백 개의 단어를 외워도 문장과 문맥 안에서 보고 듣지 않으면 머릿속에 잘 입력되지 않고 아이들의 영어에 대한 흥미도 떨어질 것이다.

그러나 꾸준히 영어를 듣고, 읽어온 아이들은 이미 사이트워드를 고빈도로 눈에 익혔다. 이런 경우에는 사이트워드 학습에 긴 시간을 쓸 필요가 없다. 사이트워드 목록을 하나 출력해서 이미 아는 단어들은 형광펜으로 표시하게 하자. 1일 차에 읽을 수 있는 단어를 빠르게 형광펜으로 칠한다. 표시하지 못한 단어는 하루 5개씩 읽기 연습을 한다. 2일 차에도 같은 방법으로 읽으며 칸을 칠해나간다.

모든 칸을 다 칠했다면 타이머로 시간을 정해두고 빨리 읽기 챌린지를 해도 좋다. 표시가 안 된 단어들은 앞으로 책이나 영어 자료에서 그 단어를 보면 표에 다른 색깔로 표시한다. 모든 단어가 표시되면 가족 모두 볼 수 있는 곳에 붙이고 칭찬해주자.

리더스북 중에는 사이트워드 위주인 책도 있다. 영어 독서 초기 단계라면, 그림책과 사이트워드 리더스북을 병행하는 것도 좋다.《스콜라스틱 사이트워드 리더스Scholastic Sight Word Readers》같은 책은 두께가 얇을 뿐만 아니라 한 쪽에 한 문장, 그림 1개가 나와 읽어주기도 부담이 없다. 다만 사이트워드 연습용이라 재미가 떨어질 수 있으니 아이가 좋아하는 영어 그림책과 번갈아 읽어주자.

사이트워드를 충분히 학습했다면 오래 기억할 수 있도록 도와주자. 관련 사이트에 수많은 활동과 워크시트가 올라와 있다. 10~20분 정도만 들여 빙고 게임이나 단어 카드 놀이를 해보자. 그림책을 쌓아놓고, 정해진 시간 내에 누가 더 많은 사이트워드를 찾아내는지 게임도 할 수 있다.

아이가 익힌 사이트워드가 10~20개 사이일 때 한 번씩 활동하는 게 부담이 없다. 익힌 단어는 눈에 보이게 표시하는 것이 좋다. 형광펜도 좋고, 라이트너 박스(208쪽 참고)에 다 익힌 단어, 덜 익힌 단어, 헷갈리는 단어 이렇게 분류해도 좋다. 익힌 단어가 많아질수록 힘껏 칭찬해주자.

사이트워드나 파닉스 모두 영어 초기 읽기 단계에 도움을 주는 방법이므로, 반드시 영어 책 읽기를 병행해야 한다. 그 자체가 목적이 되어 규칙이나 단어를 외우는 데 치중하면 주객이 전도되는 것이니 유념하자.

다양한 사이트워드 활동과 워크시트를 내려받을 수 있는 사이트

sightwords.com/sight-words/dolch/

mrsperkins.com/

education.com/resources/sight-words/

누구나 이용할 수 있는 영어 보물창고, EBSe 활용하기

영어 환경을 만들어줄 때 흔히 유료 자료들을 먼저 떠올리지만, 무료 자료도 많다. 특히 EBSe(EBS English) 채널은 4~7세 무렵부터 성인까지 활용할 수 있는 좋은 무료 영어 창고다. 아침 6시부터 밤 12시까지 영어 관련 콘텐츠가 방영되는데, 유아부터 초·중·고·성인까지 대상이 다양하다. 편당 길이도 10~30분이라 부담도 적다.

회원으로 가입하면 홈페이지와 앱의 '온에어', '다시 보기' 기능으로 시간과 장소의 제약 없이 이용할 수 있다. 홈페이지의 '마이페이지' 안에 학습 현황과 독서 활동 이력이 기록되어 개인 맞춤형으로도 이용할 수 있다. 최근에는 'AI펭톡'처럼 AI 기술을 활용한 쌍방향 영어 말하기 앱,《Big Cat》시리즈 같은 유명 리더스북과 제휴한 ELT (English Language Teaching) 프로그램도 시작했다.

🎓 우리 아이에게 맞는 프로그램, 어떻게 고를까

대부분 한국어와 영어로 함께 설명하는 방송이다 보니 영어 노출이 목표라면 효율성이 다소 떨어질 수도 있지만, 취향과 수준에 맞는 프로그램을 찾는 것은 훨씬 수월하다. 파닉스, 문법, 교과서 영어 등 특정 영역에서 필요한 부분을 찾아 시청하는 것도 좋은 방법이다.

EBSe 방영 프로그램들은 수능 관련 내용을 제외하고는 대부분 길이가 짧다. 아이들뿐만 아니라 중·고등학생, 성인 대상 프로그램도 많아 부모가 영어 공부하기에도 좋은 채널이다. 부모가 먼저 마음에 드는 방송을 골라 시청하는 모습 자체가 좋은 본보기가 된다. EBSe 채널이 우리 집에서 익숙해졌다면, 아이들 대상 프로그램도 조금씩 틀어본다. 아이들의 연령과 눈높이에 맞춘 방송, 영어권 애니메이션 등 다양한 선택지가 있다.

프로그램이 너무 많아 고민된다면 사이트 내 콘텐츠 맵을 확인해보자. 수준별(초급, 중급, 고급), 영역별(파닉스, 어휘, 문법, 듣기, 읽기, 말하기, 쓰기, 공통 영역)로 콘텐츠가 분류되어 있다. 지난 방송은 다시 보기, 다운로드가 가능하다. 방영된 지 오래된 프로그램은 화질이나 참신성이 조금 떨어질 수 있으니 부모가 내용과 분량을 미리 확인하면 좋다.

EBSe 콘텐츠 맵

EBSe에서는 〈Peppa Pig〉, 〈Simon〉, 〈Sesame Street〉, 〈Sam & Stella〉, 〈That's Joey〉 같은 영어권 어린이 애니메이션도 방영한다. 현재 방영 중인 프로그램은 저작권 문제로 바로 다시 보기가 안 되지만, 그 외 애니메이션은 대부분 유튜브에 올라와 있으니 아이가 흥미를 보인다면 유튜브로 보면 된다. 〈Sesame Street〉는 무료로 다시 보기가 가능하고, 〈Peppa pig〉는 'EBS 애니키즈' 유료 구독 서비스를 신청하면 볼 수 있다.

방송, 인터넷, 앱을 기반으로 하는 EBSe는 바람직한 영상 시청 교육의 시작점으로 삼기 좋다. 그러나 시간 제한이나 규칙 없이 그냥 틀어놓기만 하면 아무리 EBS라도 교육적으로 보기 어렵다. 하지만 좋은 프로그램을 선택하고, 시청 시간을 정해놓으면 올바른 디지털 기기 활용과 자기 주도적 공부 습관을 기르는 데 큰 도움이 될 것이다. '마이페이지', '매칭 학습 현황'에 아이를 학습자로 등록하면 아이의 학습 내역도 확인할 수 있다.

🎓 EBSe 온라인 영어 독서 프로그램, 펀리딩

　유료 온라인 독서 프로그램 이용 전, EBSe의 온라인 독서 프로그램 '펀리딩Fun Reading'을 먼저 활용해보자. 펀리딩은 영어 책에 어느 정도 익숙해져서 독서량을 늘려주고 싶을 때 활용하면 좋다. EBSe에 회원 가입만 하면 누구나 무료로 이용 가능하다. 하이라이트와 녹음 기능이 제공되지 않는 것은 아쉽지만 레벨별, 장르별로 500여 권의 영어 도서를 제공하고 EBSe 채널에서 펀리딩 관련 프로그램도 방영한다. EBSe 앱에서 프로그램 페이지로 가면 책과 방송이 함께 나와 있다.

EBSe 펀리딩

9단계까지 레벨별(초등 1~3, 중학 4~6, 고교 7~9단계)로 시리즈, 소설, 비소설, 파닉스, 만화 등 장르별로 500여 권의 영어 도서를 제공한다.

전자책 형태로 볼 수 있다. 페이지별로 음원을 들을 수 있고 음원 파일도 내려받을 수 있다.

책 표지 옆에 'learning' 아이콘이 있는 책은 단어, 스펠링, 빈칸 채우기, 문장 순서 맞추기 같은 퀴즈 문제를 풀 수 있다.

'learning' 아이콘을 누르면 복습 퀴즈 문제가 나온다.

🎓 EBS ELT,《Big Cat》리더스북을 공중파 방송으로 만나다

2022년 4월, EBS ELT 서비스로 콜린스 출판사의 대표적인 비문학 리더스북 시리즈《Big Cat》과 연계된 수준별 리더스 프로그램(Guided Reading Program)이 나왔다. 4단계(Band 1~4)에 각 12권(Band 4는 18권)까지 교재가 나왔고, '영어 스토리 타임'에서 관련 방송도 한다.《Big Cat》시리즈에 이어 파닉스, 스펠링, 문장부호, 문법, 쓰기, 읽기 등 스킬 향상에 목적을 둔 종합 스킬북《Easy Learning》시리즈, 만화 형식의 그래픽 노블, 문학, 비문학 교재인《Big Cat Heroes》도 나왔다(Band 8~10). 홈페이지에서 단계별 세부 내용과 난이도를 확인할 수 있다. 둘 다 '영어 스토리 타임'에서 연계 방송을 하는데, 다시 보기가 가능하다.

영어 스토리 타임

🏠 AI 기술과 펭수의 만남, 초등 영어 말하기 연습 앱 'AI펭톡'

　　EBS의 인기 캐릭터 펭수를 주인공으로 한 'AI펭톡'은 콘텐츠가 초등 교과와 연계되어 있고, AI 기술을 활용해 영어 말하기 연습을 돕는 프로그램이다. 내 목소리를 녹음해 발음과 억양을 바로 원어민과 비교한 뒤 피드백을 받을 수 있다. 펭수와 대화를 주고받는 게임 형태로, 한 단계 완료할 때마다 포인트에 해당하는 '참치캔'을 보상으로 준다. 참치캔은 펭수 꾸미기 아이템을 구입할 때 쓸 수 있다.

　　기본적으로 초등 영어 교과 내용이 바탕이다. 디지털 기기를 쓰기 때문에 초등학교 이후 시작을 권하지만, 취학 전이라도 아이가 말하기 연습을 해보고 싶어 하면 부모의 지도하에 사용하는 것도 괜찮다. 단, 아이에게 기기 조작을 맡기지는 말자. 거실 같은 열린 공간에서 부모와 함께 PC, 노트북, 최소한 태블릿 PC 등의 커다란 화면으로 하는 것이 좋다. 학교에서 AI펭톡을 활용하는 경우 선생님에게 받은 회원 코드를 입력하고, 집에서 자체적으로 활용할 때는 EBS 아이디 그대로 일반 회원으로 가입하면 된다.

AI펭톡 활용하기(PC 버전 기준)

AI펭톡을 설치하고 로그인한다
(EBS 아이디로 로그인할 수 있다).

로그인을 한 후 보이는 메인 화면에는 활동 메뉴들이 나온다. 메뉴로는 '토픽 월드', '스피킹', '렛츠톡', '스캔잇', '스쿨톡'이 있다. '스캔잇'은 사진을 찍으면 해당 사물의 영어 단어를 알려준다. '스쿨톡'은 학교 회원만 이용 가능하다.

①

토픽 월드 사용법을 알아보자. 하단 가운데에 있는 버튼을 누르면 모드를 변경할 수 있다. '스테이지'와 '테마' 2가지 모드가 있다. 테마 모드에서는 각 테마별로 대화 연습을 할 수 있다.

②

스테이지 모드에서는 주제별 대화문 연습을 할 수 있다. 하나의 'TOPIC' 안에 있는 10개의 'STAGE'를 완료해야 다음 TOPIC으로 넘어갈 수 있다.

③

STAGE 미션으로 단어 읽기와 대화문 따라 하기가 반복된다. 대화문을 보고 따라 읽으며 목소리를 직접 녹음할 수도 있다. PC와 마이크가 연결되어 있어야 제대로 미션을 완료할 수 있다.

④

녹음한 내 발음을 원어민의 발음과 비교하여 평가해볼 수 있다.

⑤

오른쪽 중간에 있는 '월드맵'을 누르면 스테이지 모드의 모든 단계를 볼 수 있으며, 각 TOPIC의 주제를 확인할 수 있다. 10개의 'WORLD'가 있고, 각각 20개의 TOPIC을 포함한다.

⑥

하단 오른쪽에 있는 '파닉스'를 누르면 단모음, 장모음, 자음, 끝소리, 이중 자음, 혼합 자음, 음가비교 연습을 할 수 있다.

EBSe 추천 프로그램(취학 전부터 초등 저학년까지)

	파닉스 팩토리
	쇼미더컬러
	Song! Song! 리틀송
	영어 동요 Pop! Pop!
	Jesse의 플레이 키친
	곰디와 친구들(영어 더빙)

CHAPTER 5

2학년,
영어 루틴을 정착시킬
황금기

2학년 영어 1년 계획

학기/방학	영어 공부 중점 사항	타 과목 공부 중점 사항
1학기	☞ 기본 루틴 • 영어 책(리더스북, 그림책) 함께 청독, 낭독하기 • 가족에게 책 읽어주기(주 1회) • 책 한 문장 따라 쓰기	• 국어 교과서 낭독, 정독하기 • 수학익힘책 꼼꼼히 풀기 + 수학 문제집 1장 풀기 • 한글 책 읽기 • 일기 쓰기(주 2회 이상) • 독서록 쓰기(주 2회 이상) • 운동하기(주 2회 이상)
여름 방학	☞ 기본 루틴 • 영어 책(리더스북, 그림책) 청독, 낭독하기 • 가족에게 책 읽어주기(주 1회) • 책 한 문장 따라 쓰기 • 장편 애니메이션 자막 없이 보기 • 영어 도서관 다니기 [선택] 영어 교재 공부하기	• 국어 독해 문제집 풀기 • 수학 1학기 복습 문제집 풀기 • 한글 책 읽기 • 일기 쓰기(주 2회 이상) • 독서록 쓰기(주 2회 이상) • 한글/ 영어 타자 연습하기 • 운동하기(주 2회 이상)
2학기	☞ 기본 루틴 • 영어 책(리더스북, 그림책) 청독, 낭독하기 • 가족에게 책 읽어주기(주 1회) • 책 한 문장 따라 쓰기 [선택] 영어 교재 공부하기	• 국어책 낭독, 정독하기 • 수학익힘책 꼼꼼히 풀기 + 수학 문제집 1장 풀기 • 한글 책 읽기 • 일기 쓰기(주 2회 이상) • 독서록 쓰기(주 2회 이상) • 한글/ 영어 타자 연습하기 • 운동하기(주 2회 이상)
겨울 방학	☞ 기본 루틴 • 그림책, 리더스북 다양하게 읽기 • 가족에게 책 읽어주기 • 책 한 문장 따라 쓰기 • EBSe AI펭톡 활용하기 • 영어 도서관 다니기 • 영어 일기 시도하기 • 장편 애니메이션 자막 없이 보기 [선택] 영어 교재 공부하기	• 국어 독해 문제집 풀기 • 수학 2학기 복습 문제집 풀기 • 한글 책 읽기 • 일기 쓰기(주 2회 이상) • 독서록 쓰기(주 2회 이상) • 한글/ 영어 타자 연습하기 • 운동하기(주 2회 이상)

영어 루틴을 꾸준히 유지하기

학교 현장에서 2학년과 1학년의 차이는 크다. 2학년 아이들은 초등학교 시스템과 규칙을 인지하고 있으며, 1학년에 비해 집중 시간도 길다. 취학 전, 혹은 1학년부터라도 꾸준히 영어 자료를 듣고, 파닉스와 리더스북, 그림책까지 읽어왔다면 영어 노출 습관을 정착시킬 황금기라고 할 수 있다.

📖 교과목 공부

본 내용은 2022 개정 교육 과정 적용 이전에 쓰였으므로 2023년 교과서 내용에 바탕을 두고 있다. 2학년 교과목 구성은 1학년과 동일하지만, 수준이 높아진다. 국어 교과서의 글밥이 늘어나고, 수학은 곱셈을 준비해야 한다. 한글 독서 수준을 우선 점검하고, 한글과 영어 책 수준을 동시에 높여가야 한다. 스스로 좋아하는 분야의 책을 찾아 읽게끔 부모도 함께 독서하는 분위기를 만들자. 도서관이나 서점에 같이 가서 좋아하는 책을 여유롭게, 마음껏 고르게 하자. 아이가 직접 찾아서 읽다 보면 좋아하는 분야가 생긴다. 공룡 책에 꽂혀서 열심히 읽던 아이도, 언젠가는 책 속에서 또 다른 관심사를 찾는다. 이것이 독서에 흥미를 붙이게 하는 가장 자연스러운 방법이다.

• 국어

자기 생각을 자신 있게 말하기, 낱말을 바르고 정확하게 쓰기, 인상 깊은 일 쓰기 등 말하기, 듣기, 쓰기의 기본을 배운다. 읽기 지문은 대부분 시, 동화에서 발췌한 문학 작품이다.

이때부터 국어 교과서에 실린 시와 문학 지문을 낭독하는 습관을 들여야 한다. 줄글을 알맞게 끊어 읽을 수 있게 읽기 유창성을 기르려면 한글도 반드시 낭독해야 한다. 소리 내 읽기는 정독의 기초이기도 하다.

• 수학

세 자릿수, 도형, 두 자릿수 덧셈과 뺄셈, 길이 재기, 분류하기, 곱셈, 네 자릿수, 곱셈 구구, 시각과 시간, 표와 그래프, 규칙 찾기 단원 등으로 이뤄져 있다. 두 자릿수 받아올림과 받아내림이 있는 덧셈과 뺄셈, 곱셈, 곱셈 구구 등 앞으로 수학 연산의 기초가 되는 중요한 부분이다. 수학익힘책을 꼼꼼하게 읽고 푸는 것에 더해 문제집으로 연산 능력을 다진다.

🎓 영어: 2학년 1학기

어느 학년이나 1학기는 새로운 선생님과 친구들을 만나 적응하는 시기다. 2학년 1학기에는 아직 1학년 모습도 조금 남아 있다. 1학기에는 새로운 학급 구성원으로 적응하기, 국어, 수학 공부 습관 잡기에 집중하고 영어는 지금까지의 루틴만 유지한다. 대신 영어의 자료량과 수준, 종류에 조금씩 변화를 준다. 그림책 읽기가 어렵다면 수준에 맞춰 읽기 능력을 향상시킬 수 있도록 어휘 수준과 문장 길이를 조절한 리더스북을 읽자.

잠자리에서 책을 읽어줄 때도 아이의 역할을 조금씩 늘린다. 처음 읽는 책은 부모가 먼저 읽어주고, 내용이 익숙한 책은 아이와 함께 낭독한다. 대화체라면 아이와 부모가 함께 역할을 나누거나 각 장을 나눠 읽는다.

1~2학년경부터 아이 혼자 책을 읽게 하는 경우가 많은데, 이 과정에서 많은 아이가 독서에 흥미를 잃는다. 궁극적으로는 아이가 혼자 책을 읽을 수 있어야 하지만, 문자 해득과 관계없이 부모와 함께 책 읽는 기억을 가능한 한 오랫동안 아이에게 선물해주자.

🎧 영어: 2학년 여름방학

주말에 한 편씩 자막 없이 아이가 좋아하는 장편 애니메이션을 보는 것을 2학기까지 이어간다. 처음 보는 애니메이션은 부모도 반드시 함께 본다. 아이가 재미없어하는 타이틀을 끝까지 볼 필요는 없다. 뒷내용이 궁금해서 끝까지 보고 싶어 하는 영상을 고르자. 그래야 반복 시청할 수 있다. 자막 없이 본 뒤에는 내용을 확인하거나 보상하는 차원에서 한글 자막 영상을 볼 수 있다.

가까운 도서관(요즘은 일반 도서관에도 영어 도서가 많다)에도 자주 방문하자. 주말, 주중 가릴 것 없이 자주 들러 도서관 자체에 친숙해지도록 만든다. 아이가 리더스북, 그림책을 꾸준히 잘 읽는다면 영어 교재도 찾아보자. 읽기에 초점이 맞춰진 독해 교재부터 시작하기를 권한다.

아이가 1학년 이후 영어 공부를 시작했다면 독서와 교재 병행이 효율적이다. 교재들은 '유닛'으로 나눠져 해야 할 분량을 정하기 쉽고, 문제를 맞힐 때마다 성취감도 느낄 수 있다. 처음 교재를 시작할 때는 현재 아이 수준보다 한 단계 낮은 수준의 교재를 골라 부담을 덜어주자.

컴퓨터 한글 자판 사용법도 이때 익히자. 3학년부터 직접 자료를 조사하는 과제들이 나오기 때문에 인터넷 검색, 한글 문서 작성법을 배워두면 유용하다. 한글 타자가 익숙해지면 영어 타자도 연습하되, 영어 타자는 겨울방학 때까지 여유 있게 연습해도 된다.

🎓 영어: 2학년 2학기

기존 루틴에 영어 교재나 온라인 영어 독서 프로그램 등 새로운 활동을 더하되, 꾸준함을 목표로 삼는다. 언어는 몇 달 만에 극적으로 늘지 않는다. 지금 제시된 계획도 어떤 아이에게는 너무 빠를 수 있다. 저학년 때는 재미있게 읽고 듣는 습관 잡기가 가장 중요하다. 아이들마다 속도가 다르다는 사실을 늘 생각하며, 아이가 버거워하면 독해 교재는 조금 더 기다려도 괜찮다.

🎓 영어: 2학년 겨울방학

영어 독서, 가족에게 책 읽어주기, 영상 보기, 책 속 한 문장 따라 쓰기가 루틴이 되었다면, 아웃풋인 말하기와 쓰기도 조금씩 확장해보자. 영어 문장 쓰기가 익숙해졌다면 주 1회 정도 영어 일기 쓰기를 시도할 수 있다. 다만 한글로 꾸준히 일기를 써왔어야 영어 일기 쓰기도 감을 잡을 수 있으니 한글로 일기 쓰는 습관을 들이는 게 먼저다.

책 속 문장 따라 쓰기와 마찬가지로, 처음 영어로 일기 쓰기에 도전할 때도 예시문 보고 따라 쓰기, 단어만 바꿔 쓰기 등의 연습이 필요하다. 한두 문장만 써도 대단하다고 칭찬하고, 혹시 어려워하면 격려해주자. 너무 힘들어하면 책 속 한 문장 따라 쓰기로 대체하고, 일기는 다음 방학 때 시도한다.

영어 책,
다양한 방법으로 읽기

초등 저학년에게는 책을 좋아하도록, 독서가 습관이 되도록 도와주는 것이 가장 중요하다. 여기에는 한글 책과 영어 책이 모두 포함된다. 학년이 올라갈수록 한국어 어휘력과 문해력이 영어 학습에 미치는 영향은 절대적이다. 아이가 한글 책, 영어 책을 가리지 않고 좋아하는 책을 마음껏 읽을 수 있도록 돕는 게 우리의 목표다.

영어로 'extensive reading'인 다독은 '폭넓은 읽기' 정도로 해석할 수 있다. 다양한 분야의 책을 통해 배경지식과 간접 경험을 쌓게 하되 대충 읽도록 내버려둬서는 안 된다. 의미를 이해하며 많이 읽어야 한다. 의미를 파악하기 어려워하면, 아직 그 책이 아이 수준에 맞지 않는 것이다.

정독은 영어로 'intensive reading', 즉 '집중하여 뜻을 새겨가며 읽는 것'이다. 모든 단어와 문법 구조를 이해해야만 정독은 아니다.

문장의 정확한 의미를 알고 책에 나오는 내용을 자기 경험과 연결시켜보는 것도 이 시기 아이들에게는 정독이다.

🎓 정독과 다독은 상호보완

책을 읽을 때는 정독을 하며 의미부터 파악해야 한다. 문맥도 파악해보고, 모르는 단어는 사전도 찾아본다. 단, 읽다가 흐름이 끊기면 재미와 흥미가 떨어질 수 있으니 모르는 단어는 따로 표시한 뒤 다 읽은 후에 찾아보자.

책을 다 읽은 뒤 주인공이 같은 시리즈물, 또는 비슷한 주제의 책으로 읽기를 확장한다. 이런 독서 방식이 바로 다독이다. 많은 책을 접하며 머릿속에는 수많은 영어 문장, 어휘, 패턴이 쌓인다. 그렇게 쭉 읽어나가다가 예전에 읽은 책을 다시 펼쳐보면 훨씬 매끄럽게 읽힌다. 거기에서 얻는 성취감과 뿌듯함도 크다. 독서 정체기라고 느껴지면 6개월이나 1년 전에 읽은 책을 다시 꺼내 보는 것도 동기 부여에 도움이 된다.

🎓 초등 저학년, 독서는 이렇게

그림책, 리더스북은 길이가 짧아 정독에 긴 시간이 걸리지 않는다. 하루에 여러 권 읽기가 가능해 다독하기에도 좋다. 이 시기에 다양한 책을 많이 보여주며, 외적인 보상도 적절히 활용하자. 그렇게 쌓인 영어 입력은 다음 단계의 정독을 돕는 배경지식이 된다. 비슷한 수준의 리더스북과 그림책을 많이 읽히며 정독과 다독의 선순환 구조를 만들어보자.

아이의 관심사와 흥미를 따라가면 책을 좋아하게 만들 수 있다. 아이가 특정 주제를 좋아하면 그 주제와 관련된 다양한 책을 접하게 해주는 것이다. '기차'일 수도 있고, '동물'일 수도 있다. 책을 읽다 새로운 관심사를 찾기도 한다. 그럼 새로운 관심사와 관련된 책을 또 보면서 주제가 꼬리에 꼬리를 물고 '확장'되는 것이다.

책을 읽다가 아이가 도중에 실증을 내도 너무 실망하지 말자. 그 책이 아이 취향이 아니거나 아직 읽을 준비가 안 되었다는 뜻일 뿐이다. 다음 책을 찾으면 된다. 이 시기에는 아이가 책을 덮으면 다음 책을 바로 볼 수 있도록 책 목록을 많이 확보해두는 것이 좋다. 리더스북 시리즈와 아이 취향의 그림책을 섞어서 준비하자.

🎓 청독과 낭독으로 듣기와 말하기의 기초 다지기

청독과 낭독은 듣기, 말하기에 큰 도움을 준다. 청독은 말 그대로 귀로 듣는 독서다. 음원을 들으면서 눈은 문장과 단어를 따라가는 것이다. 굉장히 집중해야 하므로 정독과도 맥이 같다. 청독은 영어 소리와 단어, 문장을 연결시키는 데 매우 효과적이며 지금 시기에 많이 하는 것이 좋다. 지금 단계에서 보는 책들은 분량이 짧아 책 한 권을 다 듣는 데 5~10분 정도 걸린다. 단, 아이가 힘들어하면 억지로 여러 번 시키지 않는다.

낭독은 소리 내 읽는 것으로, '음독'이라고도 한다. 영어는 우리말보다 음역대도 넓고 발음할 때도 다른 근육이 쓰인다. 그래서 입을 움직여 영어로 말하는 것이 필수다. 소리 내 읽을 수 있어야 단어나 문장을 머릿속에서 불러올 수 있고, 의미와 연결시킬 수 있다. 하지만 아이가 낭독을 싫어할 수도 있다. 이유는 크게 2가지다.

첫째, 재미가 없다. 만약 영어를 접한 지 얼마 안 되어 영어 노출량이 적다면, 일단 많이 들려주고 보여주는 것이 먼저다.

둘째, 소리 내 알파벳 읽기가 어색하다. 낯선 언어를 소리 내 말하는 것은 생각보다 어렵다.

아이가 영어 낭독에 거부감이 없으려면, 가정 내에 영어 책을 소리 내 읽는 문화가 자연스럽게 정착되어야 한다. 부모가 먼저 낭독하고, 아이도 자연스럽게 낭독하게끔 하는 것이다.

부모와 함께한다는 사실만으로도 아이는 영어 낭독을 편하게 느낀다. 완벽한 발음에 대한 부담을 내려놓고, 아이와 함께하는 시간이라는 사실에 의미를 부여하자. 혹시 실수해도 "틀려도 괜찮아, 다음에 맞게 하면 되지"라며 대수롭지 않게 넘기자. 실수를 받아들이고 다시 해보려는 부모의 태도는 아이가 영어를 긍정적으로 받아들이는 데에 좋은 영향을 준다.

이때 시험 치르듯이 틀린 것을 지적하면 안 된다. 부모가 영어에 대해 평가자가 되는 순간, 아이는 긴장하고 불안해진다. 집은 정서적으로 가장 편안한 곳이어야 한다. 집에서 압박감을 느끼면 영어에 대한 흥미는 한순간에 사라진다.

🔊 낭독을 재미있게
라임 살려 읽기, 가족에게 읽어주기

라임이 살아 있는 책을 통해 영어 소리의 재미를 느낄 수 있다. 라임을 잘 살린 닥터 수스Dr. Seuss의 책, 파닉스 리더스 초기 책들도 낭독하며 영어 소리를 입에 붙이기에 좋다.

취학 전부터 마더구스 같은 영어 노래를 많이 들은 아이에게는 영어 말하기가 낯설지 않다. 아이가 좋아해 외울 정도로 음원을 많이 들은 그림책을 실감 나게 읽어보자.

등장인물이 여럿인 그림책은 부모와 역할을 나눠 대화하듯 읽어본다. 점차 아이가 읽는 분량을 늘려 처음부터 끝까지 낭독하게 한다. 아이가 읽는 동안에는 최대한 집중하고, 낭독이 끝나면 칭찬을 아끼지 않는다. 그림책 낭독은 말하기 연습도 되고, 발표 연습도 된다. 이 과정은 아이의 영어 읽기, 말하기 발전사를 볼 수 있는 귀한 자료가 되니 꼭 영상으로 남겨두기를 바란다.

🎓 쉽고 재미있는 독후 활동, 그림책 한 문장 베껴 쓰기

억지로 퀴즈 문제를 풀거나 줄거리를 써야 하는 독후 활동은 부담스러운 과제가 되어 독서에 대한 흥미를 떨어뜨릴 수 있다. 처음에는 간단하면서 영어 쓰기에도 도움이 되는 독후 활동부터 시작해보자. 바로 '한 문장 베껴 쓰기'다. 재미있는 장면을 하나 골라, 문장 하나만 공책에 베껴 쓰는 것이다.

한 장면만 골라야 하기 때문에 왜 재미있는지 생각해봐야 하고 그 과정에서 내용을 다시 곱씹게 된다. 문장은 대소문자는 물론 구두점까지 정확하게 베껴 쓴다. 그러면서 문장 쓰기의 기본 규칙을 습득할 수 있다. 쓰고 나서는 왜 그 장면이 재미있었는지 우리말로 이야기해보는 시간을 가지자.

독서 레벨 지수,
제대로 활용하기

🎓 영어 독서 레벨 지수, 유연하게 생각하자

책 고르기의 대원칙은 아이의 '흥미'와 '수준'에 맞아야 한다는 것이다. 취향을 파악하기 위해서는 평소 아이의 행동을 잘 관찰하고 자주 대화할 필요가 있다. 아이와의 관계, 적성과 기질 파악, 진로 지도를 위해서도 꼭 필요한 일이다. 그렇다면 수준에 맞는 책은 어떻게 고를까? 이럴 때 독서 레벨 지수는 유용한 지침이 된다.

참고로 독서 레벨 지수를 파악하는 이유는 자녀에게 도움이 되기 위해서이지 비교의 근거를 만들기 위해서가 아니다. 하루하루 테스트 결과에 일희일비하지 말자. 레벨 테스트 결과는 그날 아이의 컨디션에 따라 달라질 수도 있다. 영어 독서를 잠시만 쉬어도 낮아질 수 있다(이런 경우는 다시 영어 책을 읽으면 올라간다).

영어 실력은 나선형으로도, 계단형으로도 발전한다. 나선형으로 발전할 때는 현재 수준(i+0), 높은 수준(i+1), 낮은 수준(i-1)의 영어 입력을 반복하며 실력이 다져진다. 영어 실력은 우상향 대각선 그래프가 아니라 한동안 정체하다 도약하는 계단형 그래프에 가깝게 향상하는 경우가 많다. 영어 교육은 10년 이상의 긴 여정이다. 아이는 지금 깊이와 넓이를 더해가고 있는 중이니 정체기가 당연한 과정임을 받아들이고 마음을 좀 더 편하게 가져야 한다.

🎓 렉사일 지수, AR 지수, GRL 지수, 어떻게 활용할까

영어 독서 레벨 지수 중 우리나라에서 가장 널리 사용되는 것은 미국의 렉사일 지수(Lexile Measures)와 AR 지수다(ATOS 지수라고도 부른다. 미국 지수이기 때문에 영국 출판물에는 표시되지 않기도 한다). 우리나라에서는 많이 쓰이지 않는 GRL(Guided Reading Levels) 지수도 미국에서는 광범위하게 사용된다. 이 같은 독서 레벨 지수들은 아이 수준에 맞는 책은 물론 독해 교재를 고를 때도 유용하다.

렉사일 지수는 미국의 메타메트릭스사에서 개발한 지수다. 리딩 지수(Lexile Reading Measures)와 텍스트 지수(Lexile Text Measures), 2가지가 있는데 둘 중에서 독해 수준을 알아볼 때 주로 사용되는 것은 텍스트 지수이다. 텍스트 지수는 문장 길이나 단어의 빈도 같은 특징을 분석하여 텍스트의 복잡성을 측정한다. 0~2,000 사이 숫자 뒤에 L을 붙여 표시한다. 200L 이하는 초급 독자용 텍스트, 1,200L 이상은 고급 독자용 텍스트에 해당한다.[29] 영어 책의 렉사일 지수는 다음 웹사이트(https://hub.lexile.com)에서 알아볼 수 있다. 여기서 그림책《Henny Penny》를 검색해봤다.

렉사일 지수 알아보기

　오른쪽 상단에 'AD610L'이 보인다. 'AD'는 렉사일 코드[30] 'Adult Directed'의 약자로 아이 혼자 읽히는 것보다 어른이 낭독해주는 것이 좋다는 의미이다. 610L은 미국 초등학교 2학년에 적합한 수준이라는 뜻이다. 렉사일 코드와 렉사일 지수 범위는 141쪽의 표를 참고하자.[31]

AD: Adult Directed	아이가 혼자 읽는 것보다 어른이 낭독해줄 것을 권장.
NC: Non-Confirming	연령에 적합한 내용을 읽을 필요가 있지만, 읽기 수준이 뛰어난 독자에게 좋음.
HL: High-Low	학년은 높지만 보다 단순한 자료가 필요한, 읽기 수준이 낮은 학생에게 좋음.
IG: Illustrated Guide	참고로 가끔 사용되는 비문학 자료.
GN: Graphic Novel	그래픽 노블 또는 만화책.
BR: Beginning Reader	렉사일 독서 지수 0단계 아래 수준의 초보 독자에게 적합.
NP: Non-Prose	시, 연극, 노래, 요리법 또는 비정형적이거나 구두점이 없는 글.

렉사일 지수 범위

학년(미국 기준)	학년 초	학년 말
	BR40L*	230L
1	190L	530L
2	420L	650L
3	520L	820L
4	740L	940L
5	830L	1,010L
6	925L	1,070L
7	970L	1,120L
8	1,010L	1,185L
9	1,050L	1,260L
10	1,080L	1,335L
11 & 12	1,185L	1,385L

*BR(Beginnig Readers): 렉사일 지수 0단계 아래 초보 독자 지수

AR(Accelerated Reader) 지수는 르네상스 러닝사에서 개발한 학습 관리 및 독서 퀴즈 프로그램인데, AR Books에 매겨진다.[32] AR 지수는 평균 단어 길이, 평균 단어 학년 레벨, 평균 문장 길이, 책의 길

이, 이 4가지 요인을 분석해 결정한다.

쉬운 문장이라도 분량이 많으면 AR 지수는 올라간다. 해당 학년에서 몇 개월에 해당하는지를 소수로 나타내는데 4.5라면 미국 초등학교 4학년 5개월 수준이라는 뜻이다. AR 지수는 사이트(www.ar-bookfind.com)에서 확인할 수 있다. 같은 책《Henny Penny》를 검색해보자.

AR 지수 확인하기

AR Book level 2.6은 초등학교 2학년 6개월 수준이라는 뜻이다. 아래에는 Interest Level이 저학년인 Lower Grades라고 나와 있다. 이 책에 흥미를 보일 만한 학년을 나타낸 것이다. 'LG K-3'은 유치원부터 초등 3학년까지라는 뜻이다. MG(Middle Grades, 4~8학년), MG+(Upper Middle Grades, 6학년 이상), UG(Upper Grades, 9~12학

년)로 구분된다.

　　GRL은 난이도 지표로 미국에서 많이 쓰인다. 아이린 푼타스 Irene Fountas 박사와 게이 핀넬 Gay Pinnell 박사가 개발해 '푼타스＆핀 넬 지수'라고도 불린다. 책의 텍스트 구조, 주제와 아이디어, 어휘, 언 어와 문학적 특징을 고려해 단계를 구분했다. A부터 Z까지 26개의 단계가 있고, 초등 단계에서 대략적인 학년 구분(미국 기준)은 다음 과 같다.[33]

　　K(유치원): A~C/ 1학년: C~I/ 2학년: I~M/
　　3학년: M~P/ 4학년: P~S/ 5학년: S~V/ 6학년: V~Y

　　'Best Chlidren's Book'은 미국의 교사 출신 가족이 만든 홈페이 지에서 출발한 어린이 책 분류 사이트다. 홈페이지 메뉴 중 'Books by reading level'에서 렉사일, AR, GRL 지수별로 분류된 어린이 책 목록을 볼 수 있다. 렉사일이나 AR 분류 내에서도 GRL 분류를 상세 히 제공한다. 스콜라스틱 출판사 홈페이지(Scholastic Book Wizard) 에서도 해당 출판사 책의 단계를 여러 지수로 보여준다. 'Level a Book'에 제목을 입력하면 책 정보와 레벨 지수를 함께 볼 수 있다.

Best Children's Book

Scholastic Book Wizard

독서 레벨 지수가 어렵게 느껴진다면, 일단 AR 지수 읽는 법만 기억하자. AR 3.4를 미국 초등학교 3학년 4개월 수준으로 해석할 수 있으면 된다. 국내에 잘 알려진 어린이 영어 책은 온라인 서점 사이트에 이미 지수별로 분류되어 있어 편리하다. 렉사일 지수도 표를 보고 숫자와 영어 약자를 해석할 수 있으면 된다. 렉사일 지수 변환표도 인터넷으로 검색하면 바로 나온다.[34]

AR 지수-렉사일 지수 변환표

AR	Lexile	AR	Lexile	AR	Lexile	AR	Lexile	AR	Lexile
1.1	25~50	2.0	350	3.0	550	5.0	800	8.2	1,050
1.2	75~100	2.1	375	3.2	575	5.2	825	8.6	1,075
1.3	125~150	2.2	400	3.3	600	5.5	850	9.0	1,100
1.4	175	2.3	425	3.5	625	5.8	875	9.5	1,125
1.5	200	2.5	450	3.7	650	6.0	900	10.	1,150
1.6	225	2.6	475	3.9	675	6.4	925	10.5	1,175
1.7	250	2.7	500	4.1	700	6.7	950	11.0	1,200
1.8	300	2.9	525	4.3	725	7.0	975	11.5	1,225
1.9	325			4.5	750	7.4	1,000	12.2	1,250
				4.7	875	7.8	1,025	12.8	1,275
								13.5	1,300

독서 레벨 지수를 변환할 수 있는 사이트

위 사이트에서는 (미국 기준) 학년, 나이, 렉사일, AR, Fountas&
Pinnell(GRL) 등 원하는 지수를 선택해 변환하여 볼 수 있다.

렉사일과 AR, GRL 지수 모두 미국의 원어민 아이들을 대상으
로 만들졌다. 우리나라 아이들에게 그대로 적용하기는 무리니 참고

만 하자. 우리나라 초등학교 6학년 교과서 수준이 AR 1점대 후반이고 중1 교과서는 AR 3점대 수준이다. 미국 초등학교 아이들과 비슷한 수준으로 리딩 레벨을 끌어올리려면 아주 긴 시간과 많은 노력이 필요하다. 이 책에서 잡은 이상적인 목표는 초등학교 졸업 무렵에 AR 3점대 이상의 책을 읽을 수 있는 것이다. 이 정도만 되어도 영어 독서가 훨씬 편해진다.

개인이 할 수 있는 온라인 레벨 테스트

CEFR 레벨을 알 수 있는 테스트(무료). CEFR(Common European Framework of Reference for Languages)은 세계적으로 널리 사용되는 외국어능력 지표로서 초급자(A1-beginner)부터 원어민 수준(C2-Fluency)까지 6단계로 나눠진다.[35]

라즈키즈
코리아

Achieve
3000

라즈키즈 코리아, Achieve 3000 홈페이지 두 곳에서 렉사일 지수 테스트가 가능하다(유료).

148쪽 표는 읽고 나서 아이와 대화하기 좋은 책들이다. 그림책도 독서 레벨 지수가 매우 다양하다. 독서 레벨이 제시되지 않은 책은 영국에서 출판돼 독서 레벨이 표시되지 않거나 분량이 짧아 AR 1.0 이하인 책들이다. 책에 따라 AR과 렉사일이 하나만 제시된 경우에는 변환표를 참고했다. 초등 전 학년에 걸쳐 아이의 수준, 흥미에 맞는 책을 찾아 함께 읽어보자. 이 중 아이가 좋아하는 장르, 작가를 찾게 되면 꼬리에 꼬리를 무는 독서(다독)가 가능해진다.

부모가 읽어줄 때는 아이 수준보다 높은 수준의 책을 읽어줘도 된다. 부모가 재미있게 읽어주면 그 어휘가 쓰이는 문맥을 자연스럽게 받아들이기 쉽다. 그렇게 접한 책은 나중에 혼자 읽기도 쉬워진다. 그러나 아이와 함께 낭독할 때는 수준에 맞고, 여러 번 반복해서 보아 내용을 이미 알고 있는 책을 읽자.

독서 레벨 지수톨 기반으로 한 영어 그림책 추천

책 제목	작가(글쓴이 기준)	주제	AR	Lexile
The Book With No Pictures	B. J. Novak	유머		
Alphabatics	Suse MacDonald	알파벳 모양		
Alphabet City	Stephen T. Johnson	알파벳 모양		
Pirate Pete	Nick Sharratt	빈칸 채우기		
Take Away the A	Michael Escoffier	알파벳 음가		
Today is Monday	Eric Carle	요일		
Not a Box	Antoniette Portis	창의력		
Bob Goes Pop	Marion Deuchars	친구, 질투		
Mix It Up!	Herve Tullet	색깔		
I Need a Hug	Aaron Blabey	친구	0.9	390L
Don't Let the Pigeon Drive the Bus!	Mo Willems	일상	0.9	280L
I Want My Hat Back	Jon Klassen	동물	1.0	
No! David!	David Shannon	일상	1.0	100L
The Watermelon Seed	Greg Pizzoli	음식	1.0	350L
That Is Not a Good Idea!	Mo Willems	반전	1.0	410L
Max & Milo Go to Sleep!	Heather Long & Ethan Long	일상	1.1	
Leo the Late Bloomer	Robert Kraus	느림	1.2	120L
We Found a Hat	Jon Klassen	양보	1.3	280L
When Sophie Gets Angry - Really, Really Angry	Molly Bang	감정	1.4	
Nighttime Ninja	Barbara Dacosta	일상	1.4	AD440L
Pete the Cat 시리즈	Eric Litwin	일상	1.5	460L
The Little Mouse, the Red Ripe Strawberry, and the Big Hungry Bear	Audrey Wood	나눔	1.5	510L
Quick as a Cricket	Audrey Wood	형용사	1.7	240L
Night Animals	Gianna Marino	동물	0.9	250L
I Wish You More	Amy Krouse Rosenthal	소망	1.7	280L
Joseph Had a Little Overcoat	Simms Taback	절약, 창의적재활용	1.7	330L

Little Pea	Amy Krouse Resenthal	편식	1.7	440L
Duck! Rabbit!	Amy Krouse Resenthal	창의력	1.8	300L
I Like Books	Anthony Browne	책	1.8	300L
I Am (Not) Scared	Anna Kang	감정	1.8	310L
The Mixed-Up Chameleon	Eric Carle	자존감	1.8	AD450L
Sam and Dave Dig a Hole	Mac Barnett	방향	1.9	
They All Saw a Cat	Brendan Wenzel	다양한 관점	1.9	310L
One Big Pair of Underwear	Laura Gehl	뺄셈	1.9	AD420L
The Dot	Peter H. Reynolds	창의성	1.9	AD500L
Square	Jon Klassen	예술	2.0	
Llama Llama Red Pajama	Anna Dewdney	일상, 라임	2.0	AD420L
Bark, George	Jules Feiffer	동물	1.3	AD350L
Fancy Nancy	Jane O'Connor	일상	2.0	420L
Olivia	Ian Falconer	일상	2.0	AD470L
Froggy Learns to Swim	Jonathan London	일상	2.1	380L
There was an Old Lady Who Swallowed a Fly	Pam Adams	마더구스	2.1	AD390L
Don't Push the Button!	Bill Cotter	상호작용	2.2	400L
Little Blue and Little Yellow	Leo Lionni	색깔	2.2	440L
Where's My Teddy?	Jez Alborough	두려움	2.2	460L
Big Red Lollipop	Rukhsana Khan	가족	2.2	AD490L
One	Kathryn Otoshi	따돌림	2.2	510L
A Color of His Own	Leo Lionni	개성	2.3	490L
Owen	Kevin Henkes	일상	2.4	510L
Giraffe Problems	Jory John	자기긍정	2.4	530L
Amelia Bedelia	Peggy Parish	말놀이	2.5	450L
Piggybook	Anthony Browne	가족	2.5	AD450L
Harriet, You'll Drive Me Wild!	Mem Fox	가족	2.3	AD460L
The Very Hungry Caterpillar	Eric Carle	동물	2.9	460L
Gorilla	Anthony Browne	대화	2.6	470L
After the Fall: How Humpty Dumpty Got Back Up Again	Dan Santat	극복	2.6	AD550L
A Friend for Dragon	Dav Pilkey	우정	2.7	460L
A Visitor for Bear	Bonny Becker	우정	2.7	AD530L
The Kissing Hand	Auderey Penn	격려	2.7	540L
Voices in the Park	Anthony Browne	다양한 관점	2.8	
Guess How Much I Love You	Sam McBratney	가족	2.8	
Library Lion	Michelle Knudsen	규칙	2.8	470L

Grumpy Monkey Party Time!	Suzanne Lang	감정표현	2.8	AD510L
Lost and Found	Oliver Jeffers	우정	2.9	
Chicka Chicka Boom Boom	Bill Martin Jr. & John Archambault	알파벳	2.9	530L
Swimmy	Leo Lionni	연대	2.9	570L
My Green Day	Melanie Walsh	환경	3.0	
Stephanie's Ponytail	Robert Munsch	개성	3.0	500L
The True Story of the 3 Little Pigs!	Jon Scieszka	진실	3.0	510L
Ruby the Copycat	Peggy Rathmann	개성	3.1	
Caps for Sale	Esphyr Slobodkina	숫자	3.1	480L
The Rainbow Fish	Marcus Pfister	나눔	3.3	
Where the Wild Things Are	Maurice Sendak	모험	3.4	740L
Corduroy	Don Freeman	우정	3.5	600L
The Man Who Walked Between the Towers	Mordicai Gerstein	열정	3.7	640L
Strega Nona	Tomie DePaola	인정 욕구	3.7	AD730L
The Paper Bag Princess	Robert Munsch	반전	3.8	AD550L
A Bad Case of Stripes	David Shannon	개성	3.8	AD610L
The Gardener	Sarah Stewart	가족	3.9	AD570L
The Mitten	Jan Brett	동물	3.9	600L
Thank You, Mr. Falker	Patricia Polacco	난독증	4.1	AD650L
The Little House	Virginia Lee Burton	환경	4.2	AD610L
The Tale of Peter Rabbit	Beatrix Potter	동물	4.2	660L
Cloudy With a Chance of Meatballs	Judi Barrett & Ron Barrett	상상력	4.2	AD730L
We're All Wonders	R. J. Palacio	다양성	4.5	AD370L
Frindle	Andrew Clements	학교, 창의성	5.3	830L

리더스북으로
초기 읽기 단계 넘어서기

리더스북은 읽기 훈련을 위해, 어휘와 표현을 단계별로 제한한 책들이다. 표지나 설명에 '리더스Readers', '리딩Reading', '리드Read'라는 단어가 들어간 시리즈물을 리더스북이라고 생각하면 된다. 리더스북은 적은 어휘와 지식으로도 읽을 수 있기 때문에 이제 막 스스로 영어 독서를 시작하는 아이들에게 추천한다.

　보통 아이들 대상 영어 책을 그림책, 리더스북, 챕터북으로 분류한다. 리더스북과 챕터북 사이에 초기 챕터북(Early Chapter Books)을 넣기도 한다. 취학 전부터 꾸준히 영어 그림책으로 읽고 들어 왔다면 리더스북을 건너뛰기도 하지만, 영어 노출이 얼마 안 되었다면 리더스북은 문자와 소리를 일치시키는 연습을 하기 좋은 자료다.

　그림책, 리더스북, 챕터북 구분이 늘 명확한 것은 아니다. 그림책에는 성인에게도 어려운 수준 높은 어휘나 표현이 나올 수 있다.

그림책은 아이들 읽기 수준을 계산하고 쓴 책은 아니기 때문이다. 챕터북은 글 양이 늘고 그림도 거의 없어 구분이 명확한 편이지만, 요즘에는 그림이 들어간 챕터북도 나온다. 리더스북은 이야기 구조가 단순해 재미가 덜하다는 단점이 있지만,《Amelia Bedelia》,《Clifford》처럼 그림책 같은 것도 있다.《Oxford Reading Tree》는 리더스북 시리즈지만 1단계는 그림책이고 10단계부터는 챕터북에 가깝다.

📖 리더스북으로 청독, 낭독 연습하기

리더스북은 영어 독서 초반에 활용하기가 좋다. 초기 단계에는 대개 한 문장에 그림 하나가 실려 있는데, 분량도 짧고 어휘도 쉬워 읽어주기에 부담이 없다. 아이가 다음 페이지를 보지 않고도 내용을 말할 수 있을 정도로 반복해 읽어주되, 가급적 그림책과 번갈아 읽어주자. 비중과 빈도는 아이와 부모의 선호도에 따라 조절하면 된다.

영어 책 읽기를 마라톤에 비유한다면, 리더스북은 러닝머신이다. 러닝머신은 날씨에 관계없이 강도를 조절하며 달리기에만 집중할 수 있는 기구다. 속도와 시간이 숫자로 명확하게 표시되어 자신의 실력을 쉽게 파악할 수도 있다. 반면, 그림책이나 챕터북은 야외 조깅이다. 야외 조깅은 경사로, 커브, 횡단보도, 행인 같은 요소를 고려해야 한다. 실전 마라톤에 더 가까우며 러닝머신보다 난이도가 높다. 마라톤을 준비하는 사람은 러닝머신과 야외 조깅을 병행한다. 마찬가지로 영어 독서도 리더스북의 도움을 받되, 그림책과 챕터북을 함께 읽어야 시너지가 난다.

리더스북은 청독, 낭독을 시작하기도 좋다. 초기 단계일수록 반복해서 낭독해야 한다. 그러나 억지로 소리 내 읽으라고 시키지는 말자. 처음에는 부모가 단어를 짚으며 읽어주는 것을 추천한다. 음원을 활용해도 괜찮다. 다만 바로 다음 페이지로 넘어가지 말고, 잠시 아이의 반응을 살펴보자.

상호작용 없이 책만 읽어주는 것은 부모의 일방적인 읽어주기에 불과할 뿐이다. 그러니 그림을 보며 방금 읽은 내용에 대해 이야기하고 다음 페이지로 넘어가자. 예를 들어, 스콜라스틱 출판사의 《My First I Can Read Book, Biscuit》에는 "Time for bed!"와 "Biscuit wants to~"라는 문형이 반복적으로 나온다. 이 문장을 낭독하고, 아이의 잠자는 습관에 대해 이야기해보자. "Time for bed"라는 표현은 바로 써볼 수도 있다.

끝까지 읽은 다음에는 음원을 들으며 아이 혼자 책장을 넘기게 해보자. 그다음 다시 음원을 들으며 손가락이나 연필로 단어를 짚어보게 한다. 이 과정을 거치면 같은 책을 3번 읽은 셈이다. 리더스북은 분량이 30쪽 내외로 짧아 한 번 쭉 듣는 데 몇 분 걸리지 않는다. 하루 3번을 듣고, 단어를 짚어가며 읽어도 20분 내외면 된다.

리더스북은 한 권을 끝까지 읽었다는 성취감 덕에 독서 습관 들이기에도 도움이 된다. 습관 만들기에 있어 가장 중요한 포인트는 '작은 성공'을 자주 경험하는 것이다. '한 달에 영어 책 100권 읽기'

같은 목표도 하루에 리더스북 3번, 그림책 1번만 꾸준히 읽으면 얼마든지 목표량을 훌쩍 넘길 수 있다(같은 책을 여러 번 읽는 것도 횟수로 센다). 아이를 칭찬하면서 작은 보상을 더해 동기 부여해주자.

유명한 영어 출판사들은 대부분 리더스북 시리즈를 펴낸다. 출판된 후 꾸준히 읽히는 스테디셀러 위주로 아이가 좋아하는 시리즈를 찾아보자. 처음부터 전집을 구입할 필요는 없다. 각 시리즈 앞부분 몇 권만 도서관에서 빌려와 아이가 어떤 책에 흥미를 보이는지 알아보자. 유튜브에 '책 제목+read aloud'를 치면 대부분 책 읽어주는 영상을 찾을 수 있다.

사진으로 구성된 비문학(논픽션) 리더스북도 있다. 이야기보다 자연, 동물, 사실적인 설명에 관심이 더 많은 아이들은 이런 책에 더 흥미를 보이기도 한다. 아이가 관심 있어 하고, 그 주제에 관해 배경지식이 있을 때 읽는 것이 좋다. 이야기 중심의 그림책과 리더스북, 비문학 리더스북까지 다양하게 읽어주자.

155쪽에 소개하는 책들은 대표적인 리더스북이다. 리더스북은 출판사마다 자체 단계로 구분하는데 분량, 어휘 수, 캐릭터, 문학, 비문학 등을 고려하여 아이와 함께 직접 보면서 고르는 것이 가장 좋다. 온·오프라인 영어 전문 서점, 영어 도서관, 또는 각 출판사 홈페이지에서 온라인 카탈로그를 살펴보고 고르는 것도 도움이 된다.

제목, 시리즈명	설명
I Can Read	Harper Collins 출판사. Biscuit, Little Critter, Amelia Bedelia, Pete the Cat 등 다양한 캐릭터가 등장한다. 'My Very First I Can Read', 'My First I Can Read', 'I Can Read 1, 2, 3, 4'까지 6단계로 구성돼 있다.
Ready-to-Read	Simon Spotlight 출판사. Daniel Tiger, Henry and Mudge, Otto, Peanuts 등 다양한 캐릭터가 등장하며 픽션과 논픽션을 포함한다. AD 120L부터 950L로 'Ready-to-Go', 'Ready-to-Read Pre-Level 1', 'Ready-to-Read Level 1, 2, 3'까지 5단계로 구성돼 있다.
Step into Reading	Penguin Random House 출판사. 픽션, 논픽션(3단계 이상), 명작동화 등으로 이뤄져 있고, 애니메이션 캐릭터가 다양하게 등장한다. AR 1점대의 1단계부터 4점대의 5단계 챕터북까지 구성돼 있다.
Scholastic Readers	스콜라스틱 출판사. 1~3단계(4단계는 챕터북 수준)까지 다양한 리더스북 종류와 가장 기초적인 수준의 《First Little Readers》, 《Sight Word Readers》도 있다. 《Fly Guy》 시리즈, 《I Spy》 시리즈. 명작동화, 문학, 비문학 등을 포함한다.
Elephant and Piggie	Walker Books 출판사. 모 윌렘스Mo Willems 작가의 시리즈로 AR 0.5~1.4이고 총 25권이다.
The Magic School Bus : Science Readers	스콜라스틱 출판사. 과학 판타지 비문학 리더스로 출판사 기준 2단계에 해당하며 AR 1.7~2.50이고 총 20권이다.
Big Cat Readers	Collins 출판사. 비문학, 문학이 각 절반 정도로 구성된 리더스북이다. EBS ELT와 협업한 작품도 있다.
BBC Earth Do You Know?	Ladybird Books 출판사. 영어 과학 리더스로 총 20권이다. 310L~560L까지 4단계로 구성돼 있다.
Ladybird Readers	Ladybird Education 출판사. 토마스와 친구들, 스팟, 페파피그, 무민, 마샤와 곰 등의 캐릭터가 등장한다. 세계명작, 비문학 등 6단계까지 다양하게 구성돼 있다.
Oxford Reading Tree(ORT)	Oxford Press 출판사. 영국 80퍼센트 초등학교에서 교재로 쓰이는 책으로 글자 없는 그림책부터 챕터북까지 9단계로 구성돼 있다. 실생활에서 사용되는 문장과 어휘가 단계별로 반복 확장된다. ORT 홈페이지의 Free eBOOK Library에서 회원 가입 후 ebook을 미리 살펴볼 수 있다.

영어 교재 시작 시기와
선택 방법

자녀에게 영어 노출 환경을 만들어주려는 이유가 무엇인가? 학교와 학원 수업만으로는 영어 노출량이 턱없이 부족하기 때문이다. 이 책의 목표는 학습 부담과 스트레스를 줄이면서, 아이가 흥미로워하는 영어 자료를 많이 듣고 읽는 데 도움을 주는 것이다. 어릴수록 노래나 책 음원 등을 통해 의미 있는 영어 듣기 노출을 해줘야 한다.

승부욕이나 성취욕이 강한 아이의 경우, 단계별 교재를 끝내고 다음 교재로 넘어가는 것을 선호하기도 한다. 문학보다 비문학 지문을 선호하는 아이에게는 독해 교재가 적합할 수도 있다.

책을 읽으면서 소리와 알파벳을 연결하며 자연스럽게 문자까지 습득하는 아이도 있지만, 대부분은 파닉스를 배우기 시작하며 읽기에 입문한다. 파닉스 교재가 보통 첫 영어 교재가 되는 까닭이다. 파닉스 규칙은 독서를 통해 체득되기 때문에 반드시 그림책과 리더스북 읽기를 병행해야 한다.

　글자를 읽을 줄 안다고, 바로 다양한 문장을 읽고 이해할 수 있는 것은 아니다. 이른바 '문해력'의 문제다. 한국어 원어민이라 해도 인지 수준, 경험, 배경지식, 어휘 수준에 따라 한글 문해력은 천차만별이다. 외국어인 영어는 당연히 더 어렵다. 독서는 배경지식, 어휘의 수준과 양, 간접 경험까지 가장 빠르게 채울 수 있는 방법이다. 독서를 끝없이 강조하고, 아이 수준에 맞는 책을 찾아주기 위해 노력하는 이유가 여기에 있다. 아이가 관심 있어 하는 책을 바로 찾아내고 관련 분야 책을 쭉쭉 읽혀나갈 수 있다면 좋겠지만, 현실은 그렇지 못할 때가 더 많다. 이럴 때는 영어 독해 교재의 도움을 받자.

　어린이용 영어 교재는 크게 언어 4기능(듣기, 말하기, 읽기, 쓰기)을 통합한 코스북Course Book, 각 기능을 따로 연습하기 위해 나오는 스킬북Skill Book으로 구분된다. 외국 출판사 책들은 영어로만 구성된 ELT 교재이고, 우리나라에서 출판된 교재는 한글 설명이 있는 교재와 영어로만 된 교재가 섞여 있다. 영어 교과서가 대표적인 코스북인데, 4차시 동안 언어 4기능을 고루 배우도록 되어 있다. 2~3시간으로 나눠서 배우다 보니, 각 기능을 충분히 익히기에는 시간이 부족하다. 학원에서도 수업만으로는 충분한 언어 노출량을 얻기 어렵다. 영어 노출량 늘려주기가 목표라면 코스북은 집에서 하기에 적절하지 않다.

　아이가 읽기 단계에서 버거워하면 어휘 수준, 주제, 흥미 등을 고려해 리더스북이나 영어 독해 교재를 선택하는 것이 좋다. 많은 영어 독해 교재가 있지만, 국내에서 많이 사용되는 교재 시리즈로는 2가지를 꼽을 수 있다. 바로 《Link》 시리즈와 《Bricks Reading》 시리즈다. 지금부터 각 출판사 정보를 바탕으로 함께 살펴보자.

'NE능률'에서 나온 《Link》 시리즈와 '사회평론'에서 나온 《Bricks Reading》 시리즈는 둘 다 ELT 교재다. 단어 수와 문장 수준에 따라 다양한 분야의 비문학 지문을 읽고 문제를 풀도록 되어 있다. 교재의 수준을 'word count(지문의 단어 수)'와 렉사일, AR 지수로 나타낸다. 다른 독해 교재들도 대부분 word count, 독서 레벨 지수를 같이 제시하니 아이와 서점에서 들러 직접 비슷한 수준의 교재들을 비교해보며 고르는 것이 좋다. 교재를 구입하면 홈페이지에서 음원 파일, 정답지, 단어 리스트, 테스트지 등의 부가 자료를 제공한다. 《Subject Link》 시리즈 같은 경우, 교재 구입 시 혼공스쿨 허준석(혼공쌤)의 강의도 볼 수 있다.

독해 문제를 풀 때 주의할 점은 한글 독서 수준이 함께 높아져야 한다는 점이다. 단계가 올라갈수록 다루는 내용의 범위와 깊이, 난이도가 올라가기 때문이다. 과학, 인문학, 예술 등 다양한 분야에 대한 배경지식이 없으면 지문 내용을 이해하기 어렵다. 한글 독서로 배경지식을 충분히 쌓아 해당 주제의 한국어 지문을 이해할 수 있을 때, 영어 지문도 이해할 수 있다. 독해 교재를 시작하는 단계라면 한 단계 낮은 수준의 교재로 부담을 줄여주자.

영어 독해 수준은 영어 노출량이나 학습 기간에 따라 달라지기 때문에 학년이나 나이에 맞춰 일괄적으로 교재를 추천하기는 어렵다. 출판사에서 표시한 각 교재의 단어 수, 독서 레벨 지수, 추천 학년에 더해 아이가 지금 읽는 책, 배경지식, 흥미와 관심사를 고려하여 교재를 선택하자. 아이가 교재보다 책을 더 읽고 싶어 한다면 마음껏 읽도록 두는 편이 낫다. 자기 관심사를 좇아 꾸준히 읽기 노출을 해온 아이는 중학년부터 수준에 맞는 교재를 선택하면 된다.

《Link》의 첫 단계인 《Easy Link Starter》, 《Bricks Reading》의 첫 단계인 《Briks Reading 30》 모두 렉사일 지수 70~100L(AR 1.1)부터 시작한다. 초기 리더스북은 대부분 이 단계다(《I Can Read》, 《Ready-to-Read》, 《Step into Reading》 시리즈 등). 한 쪽에 2~3문장 정도 있는 책을 읽을 수 있다면 《Easy Link》나 《Bricks Reading 50》도 시도할 수 있다. 알파벳과 파닉스를 배우는 초기 단계 교재들도 있다. 바른 글씨 쓰기와 구두점 등 기초 지식을 알려주기 위해 초기 단계 교재부터 사용할 수도 있다. 이때도 교재 외에 리더스북이나 영어 그림책을 함께 읽어야 한다.

CHAPTER 6

3학년,
공교육 영어 교육의 시작

3학년 영어 1년 계획

학기/방학	영어 공부 중점 사항	타 과목 공부 중점 사항
1학기	☞ **기본 루틴** • 그림책, 리더스북 다독하기(청독, 낭독, 묵독) • 가족에게 책 읽어주기(주 1회) • 1권에 한 문장 따라 쓰기 • 영어 일기 쓰기(주 1회) • 영어 교과서 복습하기(디지털 교과서, e학습터, EBSe) • 주말에 장편 애니메이션 자막 없이 보기	• 사회책, 과학책 정독하며 복습하기 • 국어책 낭독, 정독하기 • 수학익힘책 꼼꼼히 풀기 + 수학 문제집 1장 풀기 • 한글 소설 읽기 • 일기, 독서록 쓰기(주 2회 이상) • 가족과 지역 문화재 탐방하기(주말) • 운동하기(주 2회 이상)
여름 방학	☞ **기본 루틴** • 그림책, 리더스북 다독하기(청독, 낭독, 묵독) • 초기 챕터북 시도하기 • 북 트레일러 활동 또는 가족에게 책 읽어주기(월 2회 이상) • 영어 일기, 리딩로그 쓰기(주 1회 이상) • 영어 독해 교재 풀기(주 2~3회) • 디지털 교과서로 2학기 내용 미리 훑어보기 • 장편 애니메이션 자막 없이 보기	• 국어 독해 문제집 풀기 • 수학 1학기 복습 문제집 풀기 • 한글 소설, 다양한 장르 책 읽기 • 일기, 독서록 쓰기(주 2회 이상) • 운동하기(주 2회 이상) • 여행하기
2학기	☞ **기본 루틴** • 그림책, 리더스북, 초기 챕터북 다독하기(청독, 낭독, 묵독) • 북 트레일러 활동 또는 가족에게 책 읽어주기(월 2회 이상) • 영어 일기, 리딩로그 쓰기(주 1회 이상) • 영어 교과서 복습하기(디지털 교과서) • 영어 독해 교재 풀기 • 주말에 장편 애니메이션 자막 없이 보기	• 국어책 낭독, 정독하기 • 수학익힘책 꼼꼼히 풀기 + 수학 문제집 풀기 • 사회책, 과학책 정독하며 복습하기 • 한글 독서 • 일기, 독서록 쓰기(주 2회 이상) • 운동하기(주 2회 이상)
겨울 방학	☞ **기본 루틴** • 그림책, 리더스북, 초기 챕터북 다독하기(청독, 낭독, 묵독) • 북 트레일러 활동하기(월 2회 이상) • 영어 일기, 리딩로그 쓰기(주 1회 이상) • 영어 독해 교재 풀기 • 장편 애니메이션 자막 없이 보기 • 디지털 교과서로 4학년 내용 미리 훑어보기	• 국어 독해 문제집 풀기 • 수학 2학기 복습 문제집 풀기 • 사회책, 과학책 정독하며 복습하기 • 수학익힘책 꼼꼼히 풀기+수학 문제집 풀기 • 한글 소설 읽기 • 일기, 독서록 쓰기(주 2회 이상) • 운동하기(주 2회 이상) • 여행하기

늘어난 교과목, 영어 공부와 균형 잡기

3학년부터는 학기 중과 방학으로 1년 계획을 구분하여 저학년 루틴에 추가되는 내용 위주로 설명했다. 제시된 계획을 참고하되, 수준에 맞는 학습 방법은 부모와 아이가 함께 머리를 맞대고 찾아야 한다. 필요하면 1~2학년 내용을 참고하자. 아이의 영어 학습 속도가 빠르다면 고학년 내용을 참고해도 좋다.

🎓 교과목 공부

3학년은 초등학교 생활에서 또 한 번의 큰 변화가 일어나는 시기다. 가장 큰 변화는 표면상 교과목 수가 늘어나는 것이다. 통합교과 분화와 영어 교과 시작으로 인해 저학년 때 3개였던 과목이 9개가 된다(국어, 수학, 사회, 과학, 영어, 도덕, 음악, 미술, 체육). 보조 교과서(국어 활동, 수학익힘책, 실험 관찰, 사회 지역화)까지 하면 교과서만 13권이다. 주당 수업 시수도 23시간에서 26시간으로 3시간이 늘고, 6교시 수업도 시작된다.

통합교과 안에는 국어, 수학, 영어를 제외한 나머지 교과 요소가 들어 있다. 내용상 완전히 새롭지는 않지만, 늘어난 교과서와 교과목 시간에 아이들이 느끼는 심리적인 변화는 굉장히 크다. 그래서 3학년 1학기는 새로운 적응의 시기이기도 하다. 학습량도 늘어서 효율적인 학습 방법을 알고, 자기 주도적 공부 습관을 다져나가야 안정적으로 고학년으로 올라갈 수 있다.

2학년에서 강조한 교과서 공부와 독서, 영어 노출 습관이 이미 잡혀 있다면 3학년 공부도 그리 어렵지 않을 것이다. 늘어난 과목에도 지금까지의 방법을 그대로 적용하면 된다. 경험이 있기 때문에 요령도 빨리 터득할 수 있다. 집에서 볼 일이 거의 없는 예체능 과목 교과서는 학교에 두고 다녀도 된다. 그럼 국어, 수학, 사회, 과학, 영어를 중심으로 어떻게 공부해야 하는지 알아보자.

• 국어

2학년까지는 국어 교과서 지문이 주로 문학 작품이다. 3학년부터는 설명하는 글, 원인과 결과를 파악하는 글, 의견을 이해하는 글 등 비문학 지문이 등장하기 시작한다. 글자 수가 많아지면 모든 지문을 낭독하기는 어렵지만, 그래도 시 낭독은 반드시 시키자. 다른 글도 처음 두 쪽 정도는 낭독하는 게 좋다. 이후 다시 한번 정독하면서 모르는 낱말, 새로 알게 된 낱말은 따로 공책에 적게 한다. 국어사전에서 낱말 뜻을 확인한 후 다시 한번 글을 읽는다. 이 과정에 익숙해지면 진도에 맞춰 문제집을 풀게 한다.

문해력의 기초는 어휘력이다. 아이가 스마트폰이나 컴퓨터를 켜지 않고도 바로 뜻을 찾을 수 있게끔 종이 사전을 집에 비치해두자(국어사전은 평생 사용할 수 있도록 습관을 길러주는 것이 좋다). 국어 교과서 지문은 한 단원이 시작되기 전에 미리 읽는다. 단원이 끝나면 다시 한번 빠르게 읽으며 교과서 문제들도 함께 훑고 마무리한다. 다 읽은 글은 중심 문장에 밑줄을 긋고 간단히 요약해 공책에 적어 보기를 권한다. 이런 활동을 '중심 생각 찾고 요약하기'라고 하는데 국어 교과 내용인 동시에 실제로도 유용한 독서 전략이다.

● 수학

3학년 때 처음 등장하는 '분수'를 이해하려면 곱셈, 나눗셈 개념과 연산 능력이 정립되어야 한다. 그렇지 않으면 수학 학습에 빈 구멍이 생기기 때문이다. 제때 메꾸지 못한 구멍은 학습 부진으로 이어지고 이 시간이 쌓이면 결국 '수포자'가 된다.

수학은 학교에서 배우는 내용에 결손이 생기지 않는 것이 가장 중요하므로 복습이 우선이다. 아이가 개념을 확실히 이해하고 문장제 문제도 잘 해결하면 한두 단원 앞서갈 수는 있다. 그렇지 않다면 현재 배우는 단원을 제대로 이해시키는 것이 먼저다. 제때 복습하는 데는 긴 시간이 들지 않지만 나중에 커져버린 빈 구멍을 메꾸는 데는 엄청난 시간과 노력이 든다.

• 사회

사회 교과의 교육 과정이 어떻게 구성되는지 큰 흐름 먼저 알아두자. 학년이 올라갈수록 내가 속한 동네, 지역, 우리나라, 세계로 점차 지리적 범위가 확대된다. 5학년부터는 우리나라 역사, 정치, 경제를 다룬다. 6학년에는 세계 여러 나라의 자연과 문화, 지구촌 갈등, 통일 문제까지 다룬다. 주제만 봐도 만만치 않다.

그럼 사회 공부를 위해 문제집을 풀거나 학원을 다녀야 할까? 아니다. 사회 공부의 기본도 교과서다. 사회 교과서 지문은 해당 학년 아이들의 인지 수준에 맞게 쓰인 좋은 비문학 지문이다. 지리, 역사, 정치, 경제, 문화 다양한 영역을 망라한다. 비문학 지문은 정독이 필수다. 3~4학년 사회는 지역화 내용이라 본 교과서 외에 그 지역의 교과서가 구와 시 단위로 따로 나온다.

3학년 때는 우리 고장이 지도에서 어떤 모습인지, 지명의 유래나 문화유산, 유적지는 무엇이 있는지 등을 배운다. 교과서를 잘 읽고, 수업 시간에 배운 내용 중 궁금한 곳을 주말에 가족과 같이 가보는 것이 문제집 풀이보다 도움이 된다. 아이가 사회 공부를 지겹게 느끼지 않으면서 '나'와 연결시키는 경험이 중요하다.

사회 과목에서는 자료 조사, 보고서 작성, 발표가 점차 늘어난다. 한글과 영어 타자를 꾸준히 연습하고, 자료 검색 방법, 문서나 프레젠테이션 프로그램 작성법 등을 서서히 익힐 필요가 있다.

• 과학

실험이 재미있어 아이들이 좋아하는 과목이지만, 한자어가 많이 등장한다. 특히 3학년에는 관찰, 분류, 측정, 추리, 물질, 성질, 지표 같은 단어가 처음 나온다. 한자어는 학년이 올라갈수록 더 많아진다. 과학은 과학적 탐구와 사고 과정 익히기가 목표이므로 교과서 설명을 잘 이해하고 알게 된 것을 말과 글로 표현할 줄 알아야 한다. 결국 사회와 과학 공부에서도 어휘력이 기본이다. 국어사전을 늘 가까이해야 하는 이유다. 과학도 교과서 정독이 필수다. 실험 과정은 e학습터(180쪽 참고)에서 실험 동영상을 찾아보면 도움이 된다.

아이 수준에 맞는
영어 학습법 정하기

👨‍🎓 2022 개정 영어과 교육 과정 엿보기

2022 개정 교육 과정(1~2학년은 2024년부터, 3~4학년은 2025년, 5~6학년은 2026년부터 적용) 중 영어과 교육 과정을 잠시 살펴보자.

궁극적인 지향점은 2015 교육 과정과 마찬가지로 영어 의사소통 역량을 키우는 데 있지만 가장 큰 차이점은 4가지 기능(듣기, 말하기, 읽기, 쓰기)을 '이해(Reception)'와 '표현(Production)', 두 영역으로 통합한 것이다. 매체 발달과 기술 변화로 의사소통 방식이 다변화되면서 듣기, 말하기, 읽기, 쓰기의 구분이 불명확해졌고 그 비중도 균등하지 않다고 밝혔다.[36] 이해 영역에는 듣기와 읽기에 더해 시청각 이미지와 결합된 '보기(Viewing)'가, 표현 영역에는 말하기와 쓰기에 더해 발표 같은 '제시하기(Presenting)'가 추가되었다.

이미지 정보를 보고 이해하는 능력과 매체를 통한 의사소통 능력은 이전 교육 과정에 아예 없던 것은 아니었다. 한 단원 시작 전에 각 차시의 핵심을 그림과 함께 두 쪽으로 간략히 보여주었는데, '보기'는 이것의 연장선이라고 할 수 있다. '제시하기'도 단원 마지막에 4기능 통합 활동으로 나온 '프로젝트'가 좀 더 확장된 형태일 것으로 보인다.

2022 개정 교육 과정에서는 '디지털 문해력'도 강조된다. 이를테면 영어과 교육 과정의 세부 목표 중 여섯째 목표가 '영어로 표현된 다양한 매체의 디지털 정보를 자신의 목적에 맞게 검색, 수집, 이해, 분석, 평가 및 활용한다'이다. 2023년 6월 교육부는 수학, 영어, 정보 과목에 2025년부터 AI 디지털 교과서를 도입하고 2028년까지 전 과목에 단계적으로 도입할 계획이라고 밝혔다. 2025년에는 초등 3~4학년 영어·수학·정보 과목에, 2026년에는 3~4학년 국어·사회·과학, 5~6학년 수학·영어·정보, 2027년에는 5~6학년 국어·사회·과학 과목에 AI 디지털 교과서를 개발 및 적용한다는 계획이다.[37]

영어 교과는 이미 다른 어떤 과목보다 교재에 디지털 자료의 사용 비중이 높다. 대화문, 노래와 챈트를 듣고 볼 수 있는 동영상 같은 시청각 자료 활용이 필수적이기 때문이다. 다만 이제까지의 자료가 동영상 재생 등 일방향이었다면, AI 디지털 교과서는 쌍방향일 것으로 보인다. 학생의 발화를 녹음하여 억양과 발음을 원어민과 비교 분석하거나, 주어진 대화문을 AI와 주고받으며 연습하는 활동을 하는 것이다. 앞에서 언급했듯이 이런 활동은 EBSe의 'AI펭톡'에서 모두

할 수 있다. 기존에 사용하던 디지털 교과서를 복습용으로 활용하고, 'AI펭톡'을 함께 활용하면 디지털 문해력도 자연스럽게 높일 수 있다.

ⓐ 공교육에서 처음 시작되는 영어 교과

학교 영어 수업은 3학년 때 처음으로 시작된다. 다른 과목은 교과서 정독을 기반으로 현 진도에 결손이 생기지 않는 정도면 충분하지만, 영어는 조금 다르다(수학도 1~2학기 선행은 도움이 될 수 있지만, 그보다 중요한 건 현행에 결손이 없는 것이다). 영어 수업은 3~4학년 주당 2교시, 5~6학년 주당 3교시이다. 주당 2~3시간 수업만으로는 영어 노출량이 턱없이 부족하다. 아무리 학교 시간표 시수가 늘어나도 집에서 추가로 공부하고 영어를 읽고 듣는 시간이 없다면 실력은 향상되지 않는다.

공교육이 1학년 한글 책임 교육을 강화했듯이, 영어도 교과 과정을 시작하는 3학년부터는 파닉스와 초기 읽기 단계 교육을 강화해야 한다. 학교와 교실, 그리고 가정에서 영어 책을 보고 음원을 듣는 환경 조성에 정부가 좀 더 적극적으로 나서야 한다. 최근 EBSe에서 해외 출판사와 협업하여 리더스북 관련 방송(119쪽 참고)을 편성한 것처럼 국공립 초등학교에서도 양질의 온라인 영어 도서관 프로그램과 라이센스 제휴를 맺으면 좋겠다. 학교 도서관에도 영어 책이 더 많아야 한다. 더불어 현재 EBSe의 펀리딩 프로그램을 양적, 질적으로 더 강화했으면 한다.

학교 영어 수업의 적은 시수, 변수와 한계를 인정하고 교육 정책이 바뀌더라도 흔들리지 않을 자기 주도적 영어 습관을 길러줄 방법을 찾자. 이는 어릴 때부터 많은 비용을 들여야만 할 수 있는 것이 아니다. 물론 초반에는 부모와 아이 모두의 노력이 필요하다. 새로운 습관을 들이는 것은 힘든 과정이기 때문이다.

무언가 새로운 기능을 익힐 때는 항상 힘이 들기 마련이다. 운동이든 악기든 마찬가지다. 하지만 그 수고 덕에 좋은 습관을 들일 수 있다. 한번 습관이 정착되면 훨씬 더 적은 에너지로 습관을 유지할 수 있다. 그것이 가능한 최적의 시기는 자녀가 초등학생일 때이다.

학교 영어 교과서는 국가 교육 과정에서 제시한 어휘와 표현의 범위 내에서 만들어진다. 한 단원당 4차시 수업으로 비중의 차이는 있지만 듣기, 말하기, 읽기, 쓰기 영역을 모두 다룬다. 3~6학년까지 조금씩 알파벳 음가(소릿값)와 파닉스 기초 원리가 나온다. 3학년 교과서는 읽고 쓰기보다 듣고 말하기의 비중이 크고 노래, 게임 같은 활동 위주로 수업한다.

이전부터 영어를 접한 아이들에게는 너무 쉬울 테지만, 교실 안에는 학교에서 영어를 처음 접하는 아이들도 있다. 교사도 다양한 수준 차를 고려하여 수업을 진행해야 한다. 어떤 수준이든 수업에 참여하면 얻는 것이 있다.

초등학교 영어 시간은 혼자 공부하는 시간보다 게임, 역할극 같은 활동 비중이 크다. 학급 친구들과 함께 규칙을 이해하고 협력하는 활동이 대부분이다. 활동 안에서 각자 수준에 맞게 영어를 사용하면서 의사소통과 협력의 기술을 익힐 수 있다. 학교 영어 시간의 가장 큰 의의는 여기에 있다. 초등학교 영어 평가는 교과서의 주요 단어와 문장을 듣고 이해할 수 있으면 부담 없이 할 수 있는 수준이다.

집에서는 꼭 수업 시간에 나온 단어, 문장을 내 것으로 만드는 복습을 해야 한다. 영어 교과서 내용이 쉽다고 해도 놓친 부분은 없는지 확인이 필요하다. 영어 교과서는 디지털 교과서를 통해 집에서도 볼 수 있다. e학습터에는 교과서에 준하는 콘텐츠도 있고, EBSe에서는 학년별, 출판사별 모든 교과서 내용을 방송한다.

🎓 3학년 전부터 꾸준히 영어 노출을 해왔다면

영어 책을 꾸준히 읽으려면 우선 재미있어야 한다. 그러려면 아이의 인지 수준과 책의 수준이 비슷해야 한다. 3학년 때까지는 1~2학년 때 보던 리더스북, 영어 그림책도 재미있게 볼 수 있다. 읽어오던 영어 책과 영상의 수준을 조금씩 높여가면서 다른 과목의 공부 습관을 함께 잡아가는 것이 바람직하다. 앞에서 말했듯이 국어, 수학, 사회, 과학은 교과서 중심으로 공부하는 것이 좋다.

책은 '청독-낭독-묵독(눈으로 혼자 읽기)' 순서로 읽는다. 이때도 부모가 함께하는 것이 좋다. 모르는 어휘는 형광펜이나 연필로 표시했다가 청독 후 따로 찾아본다. 어느 정도 습관이 잡혔다면 청독 단계만이라도 같이 있어주자. 읽고 있는 책이 AR 지수 1점대 초중반이라면 분량을 서서히 늘려나간다.

영상물 활용 방법도 기본적으로는 저학년 때와 같다. 일단 난이도, 분량, 주제가 적절한지 고려한다. 보통 또래가 주인공인 TV 시리즈물이나 장편 애니메이션, 아동 관람가 영화 등을 본다. 길이가 긴 영화는 주말에 가족과 같이 보고, TV 시리즈는 하루에 20분 정도 쉬어가듯이 본다. 자막은 없는 것이 원칙이다. 아이가 한국어로 내용을 확인하고 싶어 한다면 영어 자막을 먼저 보거나, 자막 없이 한 번 보고 나서 한국어 자막을 보여주는 등 규칙을 정한다. 영상을 볼 때도 부모가 최대한 함께하고 책을 읽을 때처럼 함께 영상 내용에 대해 이야기한다.

🎓 3학년이 되어 영어를 처음 배운다면

3학년은 외국어를 배우기에 늦은 나이가 아니다. '빠르다, 늦다'라는 기준은 언제나 다른 사람과 비교할 때 생긴다. 다른 아이들이 앞서나가는 것 같으니 우리 아이만 늦은 듯 보이는 것이다. 당연히 일찍부터 영어 노출을 해온 아이와 차이가 있겠지만, 영어는 시작 시기가 도착점(수능 영어와 그 후)의 성공을 보장해주지 않는다.

3학년 때 영어를 시작한 아이의 장점은 학습 능력이 있고, 영어의 필요성도 어느 정도 알고 있다는 것이다. 특히 한글 독서 능력이 튼튼하게 뒷받침되어 있다면 영어 읽기 실력을 빠른 속도로 높일 수 있다. 만약 이 부분에 결손이 있다면 영어는 파닉스와 초기 리더스북 읽기에 집중하고, 학교 수업을 놓치지 않으면서 기본 공부 습관부터 바로잡아야 한다.

3학년에 영어를 처음 접한 아이들은 학습의 비중을 늘려야 한다. 우선 교과서 문장을 읽을 수 있는 수준으로 파닉스 기초 단계와 사이트워드부터 익힌다. 그다음에 리더스북과 쉬운 영어 그림책을 청독, 낭독으로 읽으면서 초급 단계의 영어 교재 학습을 병행한다. 3학년 1학기에는 수준에 맞는 파닉스, 리더스북을 청독, 낭독하고 여름방학에는 영어 책, 영상으로 읽고 듣는 양을 집중적으로 늘린다. 이런 식으로 시기별 집중 학습이 필요하다. 일단 매일 영어에 최소 1시간 이상 쓸 수 있어야 한다.

그렇다고 초반부터 아이에게 부담을 줄 필요는 없다. 6학년까지는 학년 단위로 목표를 잡되, 영어에 대한 아이의 감정이 부정적으로 바뀌지 않도록 주의해야 한다. 처음에는 30분 정도로 시작하여 시간을 점차 늘려나가자. 학교에서 영어 수업을 받은 날은 아이의 감정도 잘 살펴야 한다. 학교 영어 시간에 잘하는 다른 아이들을 보고 자극을 받을 수도 있지만, 위축될 수도 있다. 아이가 알파벳을 쓰거나 파닉스를 익혀 단어를 조금씩 읽기 시작한다면 아낌없이 칭찬하며 성취감을 키워주자.

영어 노출량이 적을 때는 읽기 능력 향상을 목표로 삼아 쉬운 수준의 독해 교재와 병행하며 리더스북 읽기 단계를 꾸준히 올려나가자. 디지털 교과서로 복습하며 학교 수업에 결손이 생기지 않게 하는 것도 중요하다. 영어로 읽고 싶은 책이 있는지 미리 고르게 하는 것도 동기 부여가 된다. 아이가 독서를 좋아한다면 재미있어하는 번역서의 원서 읽기를 목표로 잡을 수 있다.

이 시기에는 읽기 능력 향상만큼 듣기 노출도 중요하다. 한글 독서 습관이 잡힌 아이라면 영어 읽기 능력도 빠르게 향상되지만, 아무래도 듣기는 어릴 때부터 많이 들을수록 유리할 수밖에 없기 때문이다. 정독한 내용 흘려듣기는 여기서도 효과적이다. 듣기 입력이 어느 정도 쌓인 후에는 영어 받아쓰기를 하는 것도 실력 향상에 효과가 크다.

아이가 좋아하는 영상도 같이 찾아보기 시작하자. 이때도 한국어 영상이나 다른 미디어 시청 시간은 단호하게 제한해야 한다. 하지만 무엇보다 칭찬, 작은 보상 등을 적절히 활용하면서 성취감과 영어에 대한 긍정적인 감정을 유지할 수 있게 도와주는 게 중요하다.

교과서로 기초를 튼튼하게, 디지털 교과서 활용하기

🎓 교과서 공부에는 빈 구멍이 없어야 한다

많은 가정에서 어떤 형태로든 자녀에게 영어 학습을 일찌감치 시키다 보니 학교 수업과 영어 교과서는 너무 쉽고, 신경 쓰지 않아도 된다고 생각하는 경우가 많은 듯하다. 하지만 4년 동안 주 2~3시간은 그냥 흘려보내기에는 너무 아까운 시간이다. 앞에서도 말했듯이, 초등학교에서는 여러 교과목을 교과서 중심으로 균형 있게 공부하는 습관을 잡아줘야 한다. 아이가 본인 수준에 맞게 수업에 참여하며 교과서 활용법을 익혀야 일관성 있게 공부 습관을 잡을 수 있다.

그런데 막상 3학년 영어 교과서를 펼쳐보면 이걸 어떻게 공부시켜야 하는지 감이 잘 오지 않는다. 교과서에 글이 거의 없기 때문이다. 지문이라고 할 만한 줄글은 5학년부터 나온다. 언어 습득의 순서에 따라 3~4학년 내용은 듣기와 말하기에 더 비중을 두기 때문에 교과서도 활동 위주로 구성되어 있다. 그래서 집에서는 멀티미디어 자료를 활용할 수 있는 디지털 교과서로 학습하는 것이 더 효과적이다.

• 디지털 교과서

디지털 교과서를 보려면 먼저 에듀넷 티클리어 디지털 교과서 사이트에 접속해 회원 가입을 해야 한다. 회원 가입 시 학교 정보를 입력하면 우리 학교에서 선택한 교과서를 볼 수 있다. 2023학년도부터 초등학교 3~6학년 사회, 과학, 영어(160종) 교과서가 탑재되었다. 탑재된 내용과 범위는 해마다 달라질 수 있으니 반드시 미리 확인해야 한다. 뷰어 설치 후 원하는 과목의 교과서를 학기별, 단원별로 내려받거나 웹브라우저 뷰어로 볼 수 있다.

에듀넷 티클리어 디지털 교과서

활동명 옆에 있는 손가락 또는 마우스 아이콘을 클릭하면 대화문, 단원에 실린 노래나 챈트를 들을 수 있다. 학교 수업 1교시 동안 하는 분량으로 두 쪽 정도다. 3~4학년은 주 2회 수업이므로 수업한 날 집에서 디지털 교과서로 복습시키자. 'Play' 활동을 제외한 나머지 듣기 지문을 한 번씩 듣고 따라하는 데는 10분 내외면 충분하다. 3, 4차시에 나오는 단어도 수업한 날 공책에 따라 쓰는 정도면 된다.

5학년부터는 수업 시수가 주 3회로 늘어날 뿐 아니라 교과서의 한 단원 분량도 6차시로 늘어난다. 문자 언어 비중이 늘어나면서 한 문단 정도의 읽기 지문도 나온다. 단원 앞부분의 듣기, 말하기 부분은 3~4학년 때와 같은 방법으로 복습시킨다. 교과서의 읽기 지문은 좀 더 철저한 복습이 필요하다. 디지털 교과서는 읽기 지문의 음성 파일을 제공하며 전체 듣기, 한 문장씩 듣기, 한·영 해석 지문을 선택할 수 있다. 한 번씩 듣고 따라 읽어본 후 지문 전체를 공책에 그대로 따라 쓰게 한다.

고학년이라면 지문 내용 영작을 추천한다. 디지털 교과서로 읽기 지문의 한글 해석본을 따로 볼 수 있는데, 화면에는 한글 해석본만 띄워놓고 그걸 읽으며 공책에 영어로 바꿔서 적어보는 것이다. 이 방법으로 해당 단원의 어휘 학습, 영작 연습까지 자연스럽게 할 수 있다. 적은 후에는 원문과 비교한다. 대소문자로 구별하지 않고 썼거나 구두점을 빠뜨리는 실수를 발견할 수도 있다.

교과서 복습은 교육 과정에서 요구하는 수준에 빈 구멍이 없는지 확인하면서 학교 공부 습관을 잡아주는 효과도 있다. 교과서 수준에서 결손이 없는지 꼭 확인이 필요하다. 별도로 원서 읽기, 영상 보기, 다른 교재 학습을 병행 중이더라도 영어 수업이 있는 날에는 반드시 10~20분 정도 교과서를 복습하자.

같은 학년의 다른 출판사 영어 교과서를 보는 것도 도움이 된다. 출판사마다 조금씩 차이가 있기 때문이다. 디지털 교과서에서 학교 설정을 바꾸면 다른 학교 교과서도 볼 수 있다. 또 EBSe 채널에서도 모든 학년의 모든 검정 교과서 내용을 요일마다 방영하니 손쉽게 확인할 수 있다.

EBSe 영어 교과서

• e학습터

e학습터는 전국 17개 시도교육청이 함께 운영하는 공공학습관리 시스템이다. 코로나19 때 온라인 학습의 기본 플랫폼으로 사용되면서 이미 많은 가정에서 사용해봤을 것이다. e학습터에는 각 과목의 학습 내용이 탑재되어 있다(3~4학년 국어·도덕·사회·수학·과학·영어, 5~6학년은 3~4학년 교과에 실과가 추가된다). 영어는 특정 교과서 내용이 아닌 교육 과정 성취 기준을 반영하여 별도로 제작된

콘텐츠가 올라와 있다. 교과서 제작만큼의 공이 들어간 자료라 교과서 보충용으로 손색이 없다. 단원의 마지막 차시 때 복습 자료로 활용하면 좋다. 그 단원의 주요 표현이 모두 활용된 영상과 퀴즈 문제로 복습할 수 있다. 학교 교과서와 순서가 다를 수 있기 때문에 단원명을 보고 같은 내용을 다루는 단원을 찾아본다.

e 학습터

디지털 교과서와 e학습터 모두 무료 서비스다. 탑재 내용과 서비스 방식은 해마다 달라질 수 있으니 홈페이지에서 해당 내용을 먼저 확인하기를 바란다. 3~4학년은 2025년부터, 5~6학년은 2026년부터 2022 개정 교육 과정이 적용된다. 디지털 교과서와 e학습터도 개정 교육 과정 체제로 적용될 것이다. 디지털 교과서는 그 학년에서 요구하는 최소한의 학습 수준을 확인하고, 교과서 복습 습관을 관리하고, 미디어를 활용하는 데 적합한 도구다. 집에서 공부하는 시간에 주 2~3회, 10~20분으로 세 마리 토끼를 잡는 공부 습관을 들여보자.

영미권 어린이 도서 수상작 알아보기

🎓 수상작도 부모가 먼저 살펴보자

부적절한 내용만 아니라면 아이가 읽고 싶어 하는 책을 읽히는 것이 가장 좋지만, 그래도 기왕이면 교육적으로도 좋은 책을 보여주고 싶은 것이 부모 마음이다. 그래서 좋은 책을 찾다 보면 어린이 문학상 수상작에 눈이 간다. 권위 있는 기관에서 상을 받은 책이면 신뢰가 가기 때문이다.

심사 기준에 따라 예술성과 작품성을 인정받은 작품들이라 하더라도, 자녀에게 좋을지 어떨지는 부모가 먼저 보고 판단해야 한다. 각 문학상이 어떤 기준으로 시상하는지도 알아볼 필요가 있다. 작품의 시상 기준이 그림인 상도 있고, 특정 연령대를 위한 책들을 대상으로 하는 상도 있기 때문이다.

• 칼데콧상

칼데콧상(The Caldecott Medal)은 19세기 영국 삽화가 랜돌프 칼데콧Randolph Caldecott을 기리기 위해 제정된 상이다. 미국도서관협회(American Library Association, ALA)에서 1937년 제정한, 80년이 넘는 역사가 있는 상이다. 매년 그 해 가장 뛰어난 미국 어린이 그림책에 수여한다. 삽화가 칼데콧을 기념하는 만큼 상의 기준도 그림의 예술성에 있다. 더불어 이야기의 주제가 어린이가 이해할 수 있도록 표현되어야 한다.[38] 대상에 해당하는 위너는 한 작품을, 우수상에 해당하는 아너는 3~4권의 복수 작품을 선정한다. 그림을 들여다보며 아이와 함께 이야기 나누기 좋은 책들이다. 앞서 알파벳 책으로 소개했던 《Alphabet City》는 1996년 아너, 《No, David!》은 1999년 아너, 《Owl Moon》은 1988년 위너 수상작이다.

• 가이젤상

2004년 미국도서관협회에서 제정한 가이젤상(The Theodor Seuss Geisel Award)은 닥터 수스라는 필명으로 유명한 테오도르 수스 가이젤Theodor Seuss Geisel을 기념하는 상이다. 미국에서 영어로 출판된, 읽기를 막 시작한 아이들을 위한 책 중 뛰어난 책의 작가와 삽화가에게 시상한다. 위너와 아너 수상작 서너 편을 선정한다. 작가 겸 삽화가인 닥터 수스의 작품은 특유의 그림체와 라임을 잘 살린 노랫말 같은 글이 특징이다. 닥터 수스의 대표적인 책으로는 우리나라에도 유명한 《Green Eggs and Ham》이나 《The Cat in the Hat》가 있다.

글자를 막 배운 아이들도 읽을 수 있으면서 영어라는 언어의 특징과 재미가 잘 드러난 작품이다.[39]

가이젤상은 목적과 기준이 명확하다. 우선 (미국) 2학년까지의 아이들을 대상으로 한다. 주제가 아이들에게 충분히 흥미로워야 하며 새로운 단어를 접하는 게 부담되지 않도록 단어가 조금씩 추가되면서 반복되어야 한다. 문장은 간결하고 쉬워야 하며 24쪽보다 길고, 96쪽보다 짧아야 한다. 삽화는 이야기를 잘 보여줘야 한다. 책장이 저절로 넘어갈 만큼 흥미로운 이야기로 아이들이 책을 처음부터 끝까지 읽을 수 있어야 한다. 한국 아이들의 영어 독서에도 도움이 되는 기준들이라 할 수 있다.

가이젤상 수상 목록에는《Don't Let the Pigeon Drive the Bus!》로 유명한 모 윌렘스Mo Willems의 이름이 가장 많이 보인다. 모 윌렘스는 가이젤 위너 2회, 가이젤 아너 5회 수상에 칼데콧 아너상도 3회 수상한 작가 겸 삽화가다.《Hi, Fly Guy》의 작가 겸 삽화가인 테드 아놀드Tedd Arnold도 이 작품으로 2006년 가이젤 아너를 수상한 뒤, 2회 더 수상했다. 역대 수상작들은 미국도서관협회 홈페이지에서 확인할 수 있다.

• 뉴베리상

뉴베리상(The Newbery Medal)도 매년 미국도서관협회가 제정하는 상이다. 18세기 영국의 서적상인 존 뉴베리John Newberry를 기리기 위해 1922년 제정된, 세계 최초의 권위 있는 아동문학상이기도

하다. 직전 연도에 미국에서 출판된 아동 청소년 대상 책 중 가장 훌륭한 작품은 위너에, 두세 편을 아너에 선정한다. 어린이 문학상이지만 레벨이 AR 3점대에서 7점대 후반 사이이며 분량도 천차만별이다.

뉴베리상은 수상 기준이 문학성이기 때문에 사회 문제, 역사, 인권 등 무거운 주제를 다루는 경우도 많다. 기본적으로 배경지식과 문해력이 필요하다. 미국 출판물에만 수여하는 상이기 때문에 미국 역사가 반영된 책이 많고, 문화적으로 우리와 다른 부분이 있을 수 있다. 번역서로 읽었을 때 책을 이해할 수 있고, 영어로 챕터북 이상을 읽을 실력이 되는 고학년에게 적합하다. 1994년 수상작은 로이스 라우리Lois Lowry의 《기억 전달자The Giver》(AR 지수 5.7)이며 1999년 수상작은 루이스 새커Louis Sachar의 《구덩이》(AR 지수 4.6)다.

• 케이트 그린어웨이상

케이트 그린어웨이상(Kate Greemaway Medal)은 영국의 문헌정보전문가협회(Chartered Institute of Library and Information Professionals, CILIP)에서 1955년 제정한 상이다. 19세기 영국의 유명 어린이 책 삽화가의 이름을 딴 케이트 그린어웨이상은 영국에서 출판된 어린이 대상 출판물 중 삽화가 뛰어난 작품에게 수여한다. 그림책에 수여한다는 점에서 칼데콧과 비슷하다. 한국에서도 유명한 삽화가들도 많이 수상했다. 앤서니 브라운Anthony Brown의 《Zoo》, 존 버닝햄John Burningham의 《Mr. Gumpy's Outing》, 헬렌 옥슨버리Helen Oxenbury의 《Alice's Adventure in Wonderland》 등이 있다.

아무리 수상작이라도 아이가 좋아할 만한 주제인지, 영어 수준이 적당한지, 이해할 만한 수준인지 점검이 필요하다. 스테디셀러인 책은 검증된 책이라고 봐도 무방하지만, 다른 아이들이 다 재미있어하더라도 내 아이는 흥미를 보이지 않을 수 있다. 아이의 관심사와 취향을 늘 관찰하고 대화하는 것이 아이에게 맞는 책을 찾아주는 지름길이라는 사실을 잊지 말자.

영어 표현력
기초를 다지는 독후 활동 2가지

표현력이란 '말과 글로 내 생각을 표현하는 능력'이다. 영어로 제대로 된 표현을 하기 위해서는 영어를 많이 접하는(듣고, 읽는) 환경 속에서 그 수준에 맞는 말하기, 쓰기 비중을 조금씩 늘려나가야 한다. 영어 환경에서 핵심을 차지하는 영어 책은 읽기뿐 아니라 표현력 향상에도 좋은 자료다. 그중에서도 소리 내 읽기, 즉 낭독은 말하기 기초 훈련이되고, 책 속 단어와 문장을 보고 베껴 쓰는 활동은 쓰기 기초 훈련이 된다.

　　외국인과 막힘없이 대화하고, 에세이 한 편을 유려하게 작성할 줄 알아야만 영어로 말하고 쓸 줄 아는 것이 아니다. 영어로 표현하고자 하는 소재가 머릿속에 있어야 하고 더불어 평소에 자기 생각을 말과 한글로 표현하는 연습도 되어 있어야 한다.

　　지금부터 소개하는 리딩로그 쓰기와 북 트레일러 영상 찍기는 집에서도 쉽게 할 수 있는 효과적인 영어 쓰기, 말하기 연습이다. 리딩로그는 독서록, 북 트레일러는 책 소개 동영상이다. 리딩로그는 영어 독서 기록장을, 북 트레일러는 출판사에서 책 홍보를 위해 만든 책 소개 동영상을 떠올리면 된다.

🎓 리딩로그 쓰기

미국이나 영국 아이들이 학교에 들어가면 하는 숙제가 독서록 쓰기다. 처음부터 줄거리나 자기 생각을 쓰는 것은 아니다. 책 제목과 날짜, 읽은 쪽수 정도를 적어 내면 선생님이나 부모님이 한 줄 코멘트를 써주는 식이다. 우리 아이도 영어로 책 제목 쓰기부터 부담 없는 독서록 쓰기를 시작해보자. 알파벳을 쓸 줄 알고, 파닉스를 배울 무렵이면 시작할 수 있다. 처음에는 제목과 저자 이름만 쓰다가 점차 새로 알게 된 단어 쓰기, 기억하고 싶은 한 문장 쓰기, 내용 요약하기, 느낌과 생각 쓰기 등으로 발전시킬 수 있다. 구글에서 'reading log template'이라고 검색하면 여러 형태를 내려받을 수 있다.

기본적으로 꼭 기록해야 하는 항목은 '날짜, 책 제목, 저자 이름, 읽은 쪽수, 부모의 한마디'이다. 아이가 막 읽기를 시작한 단계라면 오늘 읽은 부분에서 새로 알게 된 단어를 마지막 칸에 쓰게 한다. 새로운 단어가 없다면 마음에 드는 단어를 고르게 해도 괜찮다. 부모는 칭찬이나 격려의 한마디를 적어준다. 귀여운 스티커를 붙이거나 예쁜 도장을 찍어줘도 좋다. 그러면서 대화를 이어간다.

"오늘 이 단어를 새로 알았네? 이건 어디서 나온 단어야?"

단순히 무슨 뜻이냐고 묻기보다 구체적으로 어떤 상황에서 누가 한 말인지 물어본다.

"이 단어가 왜 마음에 들어?"

대화하다 보면 아이가 책을 어느 정도 이해했는지 파악할 수 있다. 아이 스스로 그림책과 리더스북을 읽을 수 있는 수준이 되면 단어 칸 옆에 문장 칸을 추가하고, 읽은 내용 중에 한 문장을 따라 쓰게 한다. 대화체라면 누가 한 말인지, 서술체라면 어떤 상황에서 나온 문장인지 물어본다.

리딩로그 예시 (리더스북, 초기 챕터북 수준 이상)

<My Reading Log>

날짜Date Day/Month	책 제목 Title	작가 Author	읽은 쪽 수	부모님 확인 Parents' Comments
8/1	Nate the Great Talks Turkey	Marjorie Sharmat	P. 7~12	I'm proud of you ~

<Today's Words 오늘의 단어>
approach.   Do not approach him!

<My Sentence Today 한 줄 따라쓰기>
I am even better at finding than I thought.

날짜Date Day/Month	책 제목 Title	작가 Author	읽은 쪽 수	부모님 확인 Parents' Comments
9/1	Nate the Great Talks Turkey	Marjorie Sharmat	P. 13~18	Well done!

<Today's Words 오늘의 단어>
sniff   Sludge sniffed the feather.

이 과정이 익숙해지고 챕터북을 읽을 수준이 되면 책 한 권을 끝낼 때 줄거리 요약하기, 자기 생각과 느낌 쓰기까지 할 수 있다. 이때는 한 문단 정도의 분량을 써본다. 처음 시작할 때는 한 문장으로 시작하고, 수준에 따라 늘려가는 것이 좋다. 책 한 권을 마칠 때마다 작은 보상을 줘도 좋다.

이렇게 쌓인 리딩로그는 살아 있는 영어 독서 이력이 된다. 아이가 그동안 읽은 영어 책을 한눈에 파악할 수도 있고, 어휘력 발달 과정도 알 수 있다. 무엇보다 매일 책을 읽는 과정에서 단어부터 문장까지 꾸준히 쓰기 연습이 된다.

스펠링, 문법 구조가 틀리거나 어색하더라도 고치지 말자. 처음부터 실수를 지적받으면 위축돼 영어 쓰기 자체가 싫어질 수도 있다. 문법 오류는 크게 신경 쓰지 않아도 괜찮다. 아이가 거부감 없이 자유롭게 써보는 과정이 훨씬 중요하다.

쓰기는 언어 기능 중에서도 가장 많은 훈련이 필요하다. 모국어로도 어려운데, 하물며 외국어로 글을 쓰는 것은 훨씬 더 어렵다. 서툴더라도 아이가 약속한 대로 꾸준히 영어로 쓰고 있다면 무조건 칭찬이 먼저다.

📖 북 트레일러 만들기

리딩로그를 자연스럽게 말하기 활동으로 발전시킬 수 있는 방법이 북 트레일러 만들기다. 북 트레일러는 출판사에서 신간이 나올 때 만드는 짧은 소개용 영상이다. 책의 내용을 적절히 소개하며 독자의 호기심을 자극한다. 그림책을 애니메이션처럼 소개하기도 한다.

앞서 아이가 책을 읽은 뒤 가족들 앞에서 낭독하는 활동을 추천했다. 이번에는 단순히 문장을 읽는 데서 그치지 말고 아이의 생각을 말할 수 있도록 해보자. 책을 읽자마자 자기 생각을 바로 이야기하기는 어렵지만, 리딩로그를 썼다면 훨씬 수월하다.

다른 사람에게 이 책을 소개한다는 생각으로 리딩로그에 쓴 기억하고 싶은 한 문장이나 줄거리, 생각이나 느낌 등을 소리 내 읽는다. 이 과정을 여러 번 반복하며 아이가 자신의 글을 모니터링할 수 있는 기회를 주는 게 중요하다. 소리 내 읽다 보면 글로 쓸 때는 몰랐던 어색함을 발견할 수 있고, 듣기와 읽기로 영어 입력을 꾸준히 쌓아온 아이라면 이 과정에서 스스로 오류를 찾아내기도 한다.

북 트레일러는 여러 형식으로 만들 수 있다. 리딩로그에 쓴 내용을 그대로 휴대폰 카메라 앞에서 말해도 되고, 책을 들고 그림을 가리키며 자유롭게 소개할 수도 있다. 이때는 쓴 내용이나 책만 보지 말고 카메라(가족은 관객)와 눈을 맞추며 적당한 크기의 목소리와 속도로 말하는 것도 중요하다. 일종의 발표 연습인 셈이다. 아쉬운 점이 있더라도 바로 지적하지 말고, 영상을 같이 보며 스스로 어떻게 생각하는지, 어떻게 하면 더 좋을지 대화해보자.

아이가 영상 찍기를 부담스러워하면 목소리로만 소개해도 좋다. 유명한 그림책은 북 트레일러 영상이 유튜브에 많이 올라와 있는데, 그런 영상을 따라 하는 것도 좋다. 영상 편집 기술을 다룰 줄 아는 아이들은 소개 영상에 다양한 효과를 추가하기도 한다.

북 트레일러는 일종의 발표이므로 청중이 있으면 상호작용이 일어난다. 그래서 책을 소개할 때 가족이 청중이 되어주는 것이 중요하다. 영상도 가상의 시청자를 대상으로 삼는다. 그 자리에 없는 가족이나 가까운 친척에게 영상으로 공유할 수도 있다. SNS를 활용한 칭찬 댓글도 아이에게 좋은 피드백과 동기 부여가 된다(영상 공유나 SNS 활용이 꺼려진다면 가족끼리만 봐도 충분하다).

리딩로그나 북 트레일러 활동으로 익힌 능력은 후에 중·고등학교 듣기, 말하기 수행평가, 공인인증시험의 듣기, 말하기 평가에 그대로 활용된다. 듣기, 말하기를 평가하는 대표적인 공인인증시험인 토플을 예로 들어보겠다. 쓰기 문제는 주로 텍스트나 오디오 강의 내용을 요약해 쓰는 형태다. 말하기도 들려주는 내용을 요약해서 말하는 식이다. 중·고등학교 영어 수행평가도 어떤 주제에 대해 자기 생각을 쓰거나 앞에서 발표하는 형식이 많다.

말하기는 원어민 학원이나 화상 영어로만 연습할 수 있는 것이 아니다. 책을 읽고 그 내용을 말하는 것만으로도 충분히 할 수 있다. 이 과정이 쌓여 영어 표현이 유창해진다. 쓰고 말하는 것이 어느 정도 편해진 뒤에, 정확성을 높이는 연습을 하는 것이 좋다. 원어민 글쓰기 첨삭이나 원어민 회화 수업은 그럴 때 더 효율적으로 활용할 수 있다.

이 시기 아이들이 이용할 만한 영어 말하기 프로그램은 앞서 소개한 EBSe 'AI펭톡'이다. 펭톡이 익숙해졌다면 '호두 잉글리시' 같은 유료 프로그램도 있다. 가상의 게임 형식을 이용한 프로그램으로 아이들이 영어로 말해야 진행된다. 아이들이 좋아하는 게임 형태라 노는 것처럼 영어 말하기 연습을 할 수 있다는 장점이 있다. 무료 앱 중에서는 더빙 프로그램 '2DUB'도 추천한다. 좋아하는 애니메이션이나 영화의 한 장면을 듣고 해당 장면의 대사를 더빙한다. 화면에 어울리게 방금 들은 대로 최대한 따라 말하게 되므로 자연스러운 섀도잉 효과가 생긴다.

꾸준히 많이,
즐겁게 읽기

🎓 챕터북 진입 준비,
초기 챕터북 활용하기

챕터북이란 길이가 짧은 여러 개의 챕터로 구성된 시리즈물이다. 리더스북도 챕터가 나눠진 경우가 있지만 챕터북은 챕터 수가 확연히 늘어난다. 그림책, 리더스북과 챕터북 사이의 간극은 꽤 크다. 그림도 없고, 분량도 리더스북의 2배가 넘으며 AR 지수도 보통 3 이상이다(AR 5~6점대인 《해리 포터》도 챕터북이다). 그림이 많은 책을 보던 아이는 이런 외형 자체에 겁먹기도 한다. 그런 아이들을 위해서인지 요즘은 그림이 있는 챕터북도 나온다.

리더스북에서 챕터북으로 넘어가려면 생각보다 훨씬 많은 읽기 연습이 필요하다. 아이가 독서에 재미를 느껴서 그림책, 리더스북을 가리지 않고 신나게 읽는다면 자기도 모르게 챕터북 진입 장벽을 넘을 수도 있다. 그런데 아이는 아직 준비가 안 되었는데 레벨 욕심에 부모가 억지로 챕터북을 읽히려고 하면 오히려 역효과가 난다. 그럴 때 도움을 받을 수 있는 것이 '초기 챕터북'이다.

초기 챕터북은 일반 챕터북의 절반 정도로 분량이 적다. 그림도 있고, 레벨도 보통 AR 2점대 정도다. AR 1점대 중후반 리더스북을 읽고 있다면 초기 챕터북은 챕터북으로 넘어가기 좋은 징검다리다. 《내 친구 파리보이Fly Guy》 시리즈는 스콜라스틱 리더스 1점대 중후반에서 2점대 정도의 책인데, 리더스북 라인이지만 챕터북 형식이다. 귀여운 파리와 소년의 우정을 다루었는데, 번역본도 나와 있다. 번역본 1권을 먼저 읽혀보고 아이가 흥미를 보이면 원서도 읽어보게 하자.

처음에는 청독부터 시작한다. 이때 부모도 옆에서 함께하자. 음원을 들으면서 읽으면 자기 수준보다 좀 더 높은 책도 끝까지 보기가 쉽다. 1권을 거부감 없이 읽었다면 낭독, 묵독, 흘려듣기도 한 뒤에 다음 권으로 넘어간다. 《내 친구 파리보이》보다 좀 더 글 수준이 높은 AR 2~3점대 초기 챕터북으로는 《꼬마 명탐정 네이트Nate the Great》가 있다. 아이가 이 책을 읽을 만한 수준인지는 다음에 제시하는 방법으로 확인하자.

먼저 청독으로 시리즈 1권의 첫 10쪽 정도를 함께 읽는다. 음원을 활용해도 좋다. 듣고 나서 얼마나 내용을 파악했는지 물어보자. 한 쪽에 모르는 단어가 얼마나 되는지 가늠해봐도 좋다. 하지만 영어 단어의 뜻을 아는지 확인하는 것은 좋지 않다. 대신 내용과 관련된 질문을 던진다. 예를 들어 네이트는 뭘 하는 아이인지, 아이가 탐정이라고 답한다면 어떻게 알았는지, 또 무슨 일이 벌어졌는지, 엄마한테 쓴 편지에는 뭐라고 적혀 있었는지 등을 물어보자. 질문을 던질 때는 그림 단서를 이용해도 괜찮다. 아이가 질문에 대답할 수 있다면 충분히 책을 읽을 수 있는 단계이다.

아이와 유튜브로 《꼬마 명탐정 네이트》를 읽어주는 영상을 보고, "한번 읽어볼까?"라고 물어보자. 《꼬마 명탐정 네이트》가 아이 취향에 맞는다면 계속 시리즈물을 읽어나가면 된다. 아니라면 비슷한 수준의 다른 책을 찾자.

AR 2~3점대에는 다양한 그림책, 리더스북, 챕터북이 섞여 있다. 리더스북 시리즈 안에서도 앞 권은 초기 챕터북이지만 뒤로 갈수록 독서 레벨이 높은 챕터북인 경우가 많다. 아이가 판타지물을 좋아한다면 《Magic Tree House》도 읽어볼 만하다. 하지만 아이 취향이 판타지물이 아니라면 그 역시 존중하자. 《해리 포터》도 마찬가지이다. 《해리 포터》를 좋아하는 아이도 있지만, 별로 관심이 없는 아이도 있다.

우리나라 인터넷 서점에서도 비슷한 수준의 책을 찾기가 쉬워졌고, 아마존에서 책 이름을 검색했을 때 같이 나오는 비슷한 책들을 참고할 수도 있다. 아이가 AR 2점대 정도 책을 볼 수 있다면, 서점이나 도서관에서 직접 마음에 드는 책을 고르게 해도 좋다.

《영어책 읽듣기의 기적》에서 서울교육대 노경희 교수는 영어권 나라에서 일상생활에 필요한 어휘가 대략 2,000개 정도라고 했다.

《꼬마 명탐정 네이트》 시리즈 25권에는 총 2,656개의 어휘가 사용되었다고 한다.[40] 챕터북을 꾸준히 읽으면 일상생활에서 의사소통에 필요한 기초 단어 2,000개가 갖춰지는 것이다. 3~4학년에서 이 정도 읽기 능력을 쌓고, 영어 공부 습관을 쭉 유지해나간다면 고학년 때 AR 3점대의 원서를 읽는 것도 달성 불가능한 목표는 아니다.

챕터북에 진입하면 분량이 갑자기 늘어나 부모가 끝까지 읽어주기가 어려워지지만, 그래도 최소한 첫 장 정도는 같이 읽어주기를 권한다. 다 읽고 나서 책에 대해 이야기하는 시간도 계속 유지하자.

아이가 3학년 정도만 되어도 대화하기 힘들다고 한다.

"숙제했어?"

"오늘 학교에서 뭐 했어?"

늘 반복되는 질문에는 아이도 단답형으로 대답하기 마련이다. 그럴 때 부모와 아이 사이에 이야깃거리를 제공하는 것이 바로 책이다. 책의 내용에 대해 서로 느낌과 생각을 말하며 대화를 이어나갈 수 있다. 아이가 혼자 독서할 수 있더라도 가능하다면 부모도 같이 읽는 것이 좋다. 아이는 원서로, 부모는 번역본으로 읽고 이야기하는 것도 방법이다.

다음 목록에서 추천하는 초기 챕터북은 분량이 늘어나도 아이들이 좋아하는 소재와 그림이 어우러져 좀 더 편하게 접할 수 있다. AR 2~3점대 초반인데 시리즈 뒤로 갈수록 챕터북에 가까워지는 경우가 많다. 시리즈 첫 책으로 아이가 어떤 책에 흥미를 느끼는지 탐색해보자.

추천 초기 챕터북

시리즈명	저자	AR	주제	권수
Fly Guy	Tedd Arnold	1.3~2.7	동물, 우정	19권 (+번외2권)
Boris	Andrew Joyner	2.0~2.4	일상, 동물	4권
Nate the Great	Marjorie Weinman Shamat	2.0~3.2	추리	31권
Black Lagoon	Mike Thaler	2.4~3.8	일상, 학교	30권
Judy Blume	Judy Blume	2.5~3.1	일상, 학교	3권
Judy Moody and Friends	Megan Mcdonald	2.5~3.3	일상, 학교	14권
Mercy Watson	Kate Dicamillo	2.6~3.2	일상, 동물	6권
Owl Diaries	Rebecca Elliott	2.7~3.2	일상, 동물	18권
Unicorn Diaries	Rebecca Elliott	2.9~3.3	판타지	8권
Princess in Black	Shannon Hale, Dean Hale	3.0~3.5	판타지, 슈퍼히어로	10권

온라인 영어 서점

동방북스		하프프라이스북	
웬디북		잉크앤페더	

영어 책 대여 서비스

민키즈		예스스쿨	
북팡		똑똑한 부엉이	

CHAPTER 7

4학년,
자기주도적 공부 루틴
재정비하기

4학년 영어 1년 계획

학기/방학	영어 공부 중점 사항	타 과목 공부 중점 사항
1학기	☞ 기본 루틴 • 영어 책 다양하게 읽기 • 북 트레일러 활동 또는 가족에게 책 읽어주기 • 영어 일기, 리딩로그 쓰기(주 1회 이상) • 영어 교과서 복습하기(디지털 교과서) • 주말에 장편 애니메이션 자막 없이 보기	• 국어책 낭독, 정독하고 모르는 어휘 공책에 사전 보고 정리하기 • 사회책, 과학책 정독하며 복습하기 • 수학익힘책 꼼꼼히 풀기 + 수학 문제집 풀기 • 한글 소설 읽기 • 일기, 독서록 쓰기(주 2회 이상) • 운동하기(주 2회 이상)
여름 방학	☞ 기본 루틴 • 영어 책 다양하게 읽기 • 북 트레일러 활동 또는 가족에게 책 읽어주기 • 영어 일기, 리딩로그 쓰기(주 2회 이상) • 영어 독해 교재 풀기 • 디지털 교과서로 2학기 내용 미리 훑어보기 • 장편 애니메이션 자막 없이 보기 • 디지털 교과서로 2학기 내용 미리 훑어보기	• 국어 독해 문제집 풀기 • 수학 1학기 복습 문제집 풀기 • 한글 소설, 다양한 장르 책 읽기 • 한글 신문 보기(어린이용) • 일기, 독서록 쓰기(주 2회 이상) • 한글 책 북 트레일러 영상 찍기 • 운동하기(주 2회 이상) • 여행하기
2학기	☞ 기본 루틴 • 영어 책 다양하게 읽기 • 북 트레일러 활동 또는 가족에게 책 읽어주기 • 영어 일기, 리딩로그 쓰기(주 2회 이상) • 영어 교과서 복습하기(디지털 교과서) • 영어 독해 교재 풀기 • 주말 장편 애니메이션 자막 없이 보기	• 국어책 낭독, 정독하기 • 수학익힘책 꼼꼼히 풀기 + 수학 문제집 풀기 • 한글 독서하기 • 한글 신문 보기(어린이용) • 일기, 독서록 쓰기(주 2회 이상) • 운동하기(주 2회 이상)
겨울 방학	☞ 기본 루틴 • 영어 책 다양하게 읽기 • 북 트레일러 활동 또는 가족에게 책 읽어주기 • 영어 일기, 리딩로그 쓰기(주 2회 이상) • 영어 독해 교재 풀기 • 장편 애니메이션 자막 없이 보기 • 디지털 교과서로 5학년 내용 미리 훑어보기	• 국어 독해 문제집 풀기 • 수학 1학기 복습 문제집 풀기 • 사회책, 과학책 정독하며 복습하기 • 수학익힘책 꼼꼼히 풀기 + 수학 문제집 풀기 • 한글 소설 읽기 • 한글 신문 보기(어린이용) • 일기, 독서록 쓰기(주 2회 이상) • 운동하기(주 2회 이상) • 여행하기

본격적인
영어 학습 돌입하기

🎓 교과목 공부

• 국어

모든 국어 교과서의 첫 단원 주제는 독서다. 이 단원은 '온 책 읽기 (완독)'나 독서 행사와 연계되기도 한다. 4학년 국어 교과서 지문은 이야기, 시 같은 문학 소재와 의견을 나타내는 글 같은 비문학 소재가 함께 나온다. 독서 감상문 쓰기, 마음을 전하는 글쓰기, 의견이 드러나는 글쓰기 등 쓰기의 비중도 커진다.

국어 공부의 기본은 교과서 정독이다. 국어 교과서는 정독해야 할 1순위 교과서이니 장르별로 한 편 정도는 반드시 낭독시키자. 소리 내 읽으며 어디서 끊어 읽어야 자연스러운지도 알 수 있다. 그다음에 좋아하는 분야의 책을 읽고, 독해 문제집도 풀어본다.

• 수학

4학년 수학은 조 단위까지의 큰 수, 세 자릿수 곱하기(나누기) 두 자릿수, 분모가 같은 분수의 덧셈과 뺄셈, 도형의 이동, 다각형, 막대그래프, 꺾은선그래프 등의 내용이 나온다. 자릿수가 커지는 곱셈, 나눗셈 연산, 대분수 연산, 도형과 그래프의 비중도 크다. 기본적으로 꾸준히 곱셈, 나눗셈, 분수 연산 등을 공부하면서 읽고 해석한 자료를 그래프로 나타내는 연습도 필요하다.

문제를 읽고 파악하는 능력, 즉 문해력도 더욱 중요해진다. 실생활과 밀접한 관련이 있으면서 자료 해석, 문제 해결력이 필요한 부분이 늘어나기 때문이다. 이는 연산 연습만으로는 해결되지 않는다. 수학의 수준이 높아질수록 문제 파악 능력이 더욱 중요해진다는 사실을 잊지 말자.

• 사회

4학년 사회는 학교와 지역마다 교과서가 다를 수 있다. 3학년 때는 동네를 둘러보며 우리 지역의 문화재만 알아봤다면, 4학년에서는 범위가 확대된다. 지역의 특성을 지도 위에 나타내는 방법, 우리 지역의 역사, 공공 기관과 지역 문제 해결 과정, 촌락과 도시, 생산과 교환, 사회 변화와 문화 다양성 등 지리, 역사, 경제, 정치, 사회문화 등을 알아본다.

정독하면서 모르는 낱말은 국어사전을 찾아본다. 이때쯤 어린이용 한글 신문 읽기를 병행하면 좋다. 사회에서 배운 개념이 실제

세상에서 어떻게 활용되는지를 파악할 수 있기 때문이다. 아이와 함께 어린이 신문을 읽고 이야기해보자. 꾸준히 하다 보면 경청하는 능력, 자기 생각을 정리해 표현하는 능력, 비판적 사고 능력까지 기를 수 있다.

● 과학

지층과 화석, 식물의 한살이, 물체의 무게, 혼합물의 분리, 식물의 생활, 물의 상태 변화, 그림자와 거울, 화산과 지진 등이 기본 내용이므로 개념어 이해를 소홀히 하지 않아야 한다. 한 단원을 마칠 때 실험 관찰 과정을 순서대로 정리하고, 원인과 결과에 맞춰 말로 짧게 설명해보자.

영어

수업한 날 교과서 단원에 등장한 어휘, 문장을 꼼꼼히 익히고 확인한다. 분량이 짧으므로 금방 할 수 있다. 집에서 복습할 때는 디지털 교과서를 적극적으로 활용하자. 대화문도 다시 듣고 따라 해보고, 문장 쓰기가 자유롭다면 본문 대화 내용을 듣고 받아쓰기도 해본다. 교과서를 복습하고 난 후에는 수준에 맞는 독해 교재를 풀어보자.

4학년부터는 본격적으로 독해 교재를 병행하는 것이 좋은데, 과하게 욕심내지는 말자. 영어에 자신감을 얻도록 아이가 쉽게 풀 수 있는 수준의 교재를 하루 한두 장씩 적은 양이라도 꾸준히 풀게 한다. 앞서 소개한 시리즈 외에도 수많은 교재가 있으니 아이의 수준(책에 표시된 AR, 렉사일 지수 참고)과 비슷하거나 한 단계 낮은 것부터 시작한다. 책도 서점에서 아이가 마음에 드는 것을 직접 고르게 하자. 본인이 고른 교재는 더 책임감을 가지고 푼다.

영어 독서 루틴 재정비하기

🎓 몰입하여 즐겁게 듣고 읽기

이 시기 영어 공부의 우선순위는 '몰입하여 즐겁게 듣고 읽기'이다. 여기서 '즐거움'은 크게 3가지로 나눌 수 있다. 듣거나 읽는 내용 자체가 재미있는 데서 오는 즐거움, 듣고 읽는 과정에 집중하고 몰입하는 데서 오는 즐거움, 계획한 것을 실행한 데서 오는 즐거움이다. 모두 '즐거움'이지만, 결이 조금씩 다르다. 첫 번째는 가장 즉각적으로 느끼는 '재미'에 가깝다. 두 번째는 몰입의 과정 자체에서 느끼는 '희열'이라고 볼 수 있다. 세 번째는 해냈다는 '성취감'에 가깝다.

지금까지 '재미'에 집중해 영어 노출을 했다면, 점차 몰입과 성취감을 경험할 필요가 있다. 몰입은 집중력의 원천이고, 성취감은 아이가 자신감을 갖고 좋은 습관을 이어나갈 원동력이 된다. 매일 조금씩 쌓아가다 보면 아이 인생의 든든한 자산이 된다.

책을 몰입해 읽기 위해서는 어휘력이 뒷받침되어야 한다. 뜻을 찾아야 하는 단어가 많다면 아이의 수준에 맞지 않는 책을 읽고 있는 것이다. 책이 아이 수준에 맞는지 확인하는 방법 중 하나는 '다섯 손가락 법칙(The Five Finger Rule)'이다.

'다섯 손가락 법칙'은 책 한 쪽에 모르는 단어 개수가 5개 이내여야 자기 수준에 맞다는 뜻이다. 쪽당 글자 수가 어느 정도 있는 챕터북 이상에서 적용된다(한 쪽에 2~3문장이 있는데 모르는 단어가 5개면, 지금 수준에 맞지 않는 책이다).

🎓 단어 카드를 활용해 어휘력을 높이는 '라이트너 박스'

수준에 맞는 챕터북을 골랐다면 손으로 단어를 짚으며 한 번 청독하게 한다. 한 번에 5~10분 정도 쭉 듣는 분량으로 시작한다. 이때는 모르는 단어가 있어도 일단 넘어간다. 그다음에는 방금 청독한 부분을 빠르게 훑어보며 연필로 모르는 단어에만 밑줄이나 동그라미를 친다.

두 번째 청독 시에는 단어 뜻을 앞뒤 문맥으로 유추 가능한지 신경 쓰면서 듣는다. 책에 표시한 단어 중 문맥상으로도 알 수 없는 단어는 단어 카드에 하나씩 적는다. 문맥상 뜻을 유추했던 단어라도 적어두는 게 좋다. 카드 앞면 위쪽에 단어를 크게 쓰고 해당 낱말이

들어간 문장을 낱말 아래에 따라 쓴다. 사전에서 단어를 찾아 뜻을 보며 해당 문장에서 어떤 의미로 쓰였는지 확인한다. 한글 뜻은 카드 뒷면에 적는다. 그렇게 단어 뜻을 확인한 뒤, 다시 한번 청독하고 낭독으로 마무리한다.

낭독할 때는 의미 단위로 끊어 읽는다. 청독하면서 원어민이 어디에서 끊어 읽는지 미리 표시하는 것도 좋다. 끊어 읽기 연습은 의미 단위로 단어, 구를 인식하는 데에 도움이 된다. 하루에 쓰는 단어 카드는 5개 내외 정도에서 점차 늘려나가되, 아이가 지칠 정도로 해서는 안 된다. 이 과정에서 단어 익히기, 문장 따라 쓰기, 청독과 낭독으로 자연스러운 발음과 억양으로 따라 말하기를 연습할 수 있다. 이렇게 단어를 확인하며 매일 조금씩 듣고 읽기를 반복하면, 뒷부분으로 갈수록 독해 속도가 빨라진다. 처음에는 시간이 꽤 걸리지만, 책 한 권을 마치고 나면 아이의 어휘, 듣기, 말하기 실력이 훌쩍 자라 있을 것이다.

챕터북 시리즈물의 장점은 첫 번째 책을 정독하고 나면 같은 시리즈의 다음 책을 훨씬 수월하게 읽을 수 있다는 점이다. 같은 주인공, 비슷한 문체, 비슷한 어휘가 반복되기 때문에 반복 학습의 효과도 있다. 앞의 방식으로 익힌 단어 카드는 주 1회 정도 모아서 다시 한번 확인한다.

지금 소개하는 방법은 '라이트너 박스Leitner box 단어 암기법'이라 불리는데, 독일의 저널리스트 세바스티안 라이트너Sebastian Leitner

가 1970년대에 개발한 단어 카드 활용법이다.[41] 국내에서는 《영어 독서의 힘》에 소개되며 영어 단어 학습법으로 알려졌다. 카드에 쓰는 단어의 난이도에 따라 저·중학년부터도 얼마든지 활용할 수 있다. 먼저 세 칸으로 나눠진 바구니나 상자, 빈 단어 카드를 준비한다. 앞에서부터 '연습이 많이 필요한 단어', '덜 외운 단어', '다 외운 단어' 칸으로 분류한다. 처음에는 앞 칸에 카드가 몰려 있지만 연습을 거듭할수록 뒷 칸으로 이동하는 단어 카드가 많아질 것이다. 모든 카드를 맨 뒤의 칸으로 옮길 때까지 반복한다.

라이트너 박스 활용법

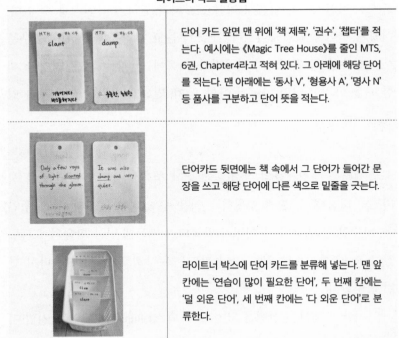

	단어 카드 앞면 맨 위에 '책 제목', '권수', '챕터'를 적는다. 예시에는 《Magic Tree House》를 줄인 MTS, 6권, Chapter4라고 적혀 있다. 그 아래에 해당 단어를 적는다. 맨 아래에는 '동사 V', '형용사 A', '명사 N' 등 품사를 구분하고 단어 뜻을 적는다.
	단어카드 뒷면에는 책 속에서 그 단어가 들어간 문장을 쓰고 해당 단어에 다른 색으로 밑줄을 긋는다.
	라이트너 박스에 단어 카드를 분류해 넣는다. 맨 앞 칸에는 '연습이 많이 필요한 단어', 두 번째 칸에는 '덜 외운 단어', 세 번째 칸에는 '다 외운 단어'로 분류한다.

① 손가락이나 연필로 단어를 짚으며 청독한다(5~10분 분량).

② 방금 읽은 부분을 다시 훑어보며 모르는 단어에 표시한다.

③ 다시 청독한다(표시한 단어가 문맥 안에서 이해되는지 아닌지 확인하며 듣는다).

④ 3번까지 하고 나서 모르는 단어는 단어 카드에 단어, 예문(앞면), 뜻(한글)을 적는다(영어 공책에 적어도 되는데 이 경우 공책을 단어장으로 활용한다).

⑤ 단어와 예문, 뜻을 눈으로 한 번 빠르게 읽는다.

⑥ 다시 청독한다(이때 끊어 읽을 곳을 미리 표시한다).

⑦ 낭독으로 마무리한다(끊어 읽기에 주의하며 단어, 어구의 인식 범위를 넓힌다).

⑧ 주 1회 단어 카드를 모아 라이트너 박스로 점검한다.

위의 텍스트는 고학년까지 꾸준히 유지해야 하는 중요한 루틴이다. 아이가 초기 챕터북을 읽기 시작했다고 바로 글자 수가 많은 챕터북을 읽을 수 있는 것도, 독서 레벨 지수가 올라가는 것도 아니라는 점을 기억하자. 그림책, 리더스북, 초기 챕터북, 챕터북을 자유롭게, 폭넓게, 즐겁게 읽는 것이 중요하다. 독서 레벨에 너무 연연하지 말고 아이 수준보다 낮은 것부터 높은 것까지 다양하게 흥미와 취향을 좇아 읽히자. 같은 챕터북 시리즈 내에서도 독서 레벨은 다양할 수 있다. 다독해야 할 시기에 너무 독서 레벨에 얽매이면 부모도 아이도 모두 스트레스를 받는다.

다음 페이지의 목록은 초기 챕터북을 무난히 읽고난 다음 시도할 만한 챕터북들이다. 지금 읽기에는 어렵다면 초기 챕터북과 독해 교재를 병행하며 읽기 수준을 올려 다시 도전한다. 여기서 소개하는 챕터북을 읽기 어려워해도 아이 수준이 낮다는 뜻은 아니니 너무 걱정하지 않아도 된다. 독서 레벨을 보면 알겠지만, 결코 만만한 수준이 아니다. 모르는 단어가 너무 많다면 단계를 낮춰서 읽는다. 한 챕터씩 앞에서 제시한 루틴대로 천천히 읽어보자.

추천 챕터북

시리즈명	저자	AR	주제	권수
Magic Tree House	Mary Pope Osborne	2.6~3.7	판타지, 모험, 역사, 과학	36권
Junie B. Jones	Barbara Park	2.6~3.1	일상, 학교	28권
Dragon Masters	Tracey West	3.1~3.9	판타지	24권
Ivy and Bean	Annie Barrows	3.1~3.9	일상, 우정	12권
A to Z Mysteries	Ron Roy	3.2~4.0	추리	26권
An Arthur Chapter Book	Marc Brown	2.9~3.8	일상	39권
Horrible Harry	Suzy Kline	2.8~3.9	일상, 학교	37권
My Weird School	Dan Gutman	3.5~4.4	일상, 학교	21권
Wayside School	Louis Sachar	3.3~3.9	일상, 학교	4권
Horrid Henry	Francesca Simon	3.1~3.9	일상, 학교	23권
George Brown, Class Clown	Nancy Krulik	3.2~3.9	일상	20권
Judy Moody	Megan Mcdonald	3.0~3.8	일상, 학교	15권
Cam Jansen	David A. Adler	3.2~3.9	추리	36권
Clementine	Sara Pennypacker	3.9~4.6	일상	7권
Diary of a Wimpy Kid	Jeff Kinney	5.2~5.8	일상	17권
Amber Brown	Paula Danziger	3.4~4.1	일상	12권
Geronimo Stilton	Elisabetta Dami	3.5~5.1	모험	82권
Flat Stanley	Jeff Brown	3.2~5.1	모험	21권

온라인 영어 독서 프로그램을 활용하기

온라인 영어 독서 프로그램은 1년 이용권을 끊어 잘만 이용한다면 종이책에 비해 가성비가 뛰어나다는 장점이 있다. 한 플랫폼에서 수준별로 분류된 다양한 책을 쉽게 고를 수도 있다. 읽은 책에 대한 기록이 자동으로 누적되고 보상 시스템이 잘 되어 있는 것도 장점이다. 반면 태블릿 PC나 컴퓨터 등의 기기를 사용해야 한다는 점이 걱정스러울 수 있다.

종이책이냐 전자책이냐는 선택의 영역이다. 종이책으로만 계속 읽어도, 온라인 독서 프로그램을 이용해도 좋다. 물론 아이에게 처음 책을 읽어주고, 함께 읽을 때는 종이책이 필요하다. 책장을 넘기며 감촉을 느끼는 경험 자체가 책에 대한 긍정적인 기억을 심어주기 때문이다. 매리언 울프는 《다시, 책으로》에서 아이들이 스크린을 접하기 전에 책의 물리적, 시간적 존재감을 먼저 체험하는 것이 좋다고 했다.[42] 학습적인 면에서도 종이책의 물성에 익숙해지는 것이 좋다. 공부할 때나 시험을 볼 때 대부분 종이가 기본이기 때문이다.

　그렇지만 종이책 독서 습관이 잡혀 있고, 리더스북을 어느 정도 읽을 수 있어 다독이 필요하다면 온라인 독서 프로그램도 좋은 선택지다. 스마트폰보다 화면이 큰 PC, 노트북, 태블릿 PC로 거실에서 사용할 것을 권한다. 처음 이용할 때는 사용법에 익숙해지도록 끝까지 함께하자. 처음 한두 쪽이라도 함께 읽어주는 것이 좋다. 내용에 대해 이야기 나누는 것은 종이책과 동일하다. 단, 부모가 함께 책 읽어주는 것이 힘들어서 차선책으로 온라인 독서 프로그램을 선택하는 것은 곤란하다.

　온라인 독서 프로그램도 초반에 습관을 잡지 않으면 흐지부지 끝나기 십상이다. 결제만 하면 아이가 스스로 알아서 읽으리라는 기대는 접자. 처음 종이책을 함께 읽을 때처럼 최소 한 달은 처음부터 끝까지 함께해야 한다. 사용법도 익히고 책 고를 때도 이야기를 나누자. 장소는 거실처럼 가족이 모두 사용하는 공간으로, 사용 시간도 루틴이 되도록 일정한 것이 좋다. 사용 전후로는 기기를 반드시 끄도록 해 다른 영상이나 프로그램으로 넘어가는 일이 없도록 해야 한다.

　온라인 독서 프로그램은 대부분 단어를 짚어가며 들을 수 있는 하이라이트 기능, 단어를 예문과 함께 보여주는 단어장, 듣기 속도를 조절하여 들을 수 있는 음원, 워크시트, 퀴즈 등의 독후 활동을 제공한다. 다만 이런 활동도 종이책과 공책 등으로 직접 읽고 써본 뒤에 하기를 권한다. 처음부터 온라인으로 시작하면 나중에 종이에 직접 손으로 쓰는 것을 어려워할 수 있다. 반면, 종이책으로 하던 습관이 있으면 온라인에서도 비슷한 활동에 쉽게 적응할 수 있다.

이미 많은 온라인 영어 독서 프로그램이 있다. 국내 회사도 있고 외국계 회사도 있으며 교육기관과 계약된 곳도 있다. 자녀가 다니는 기관에서 이용하는 곳이 있다면 최대한 이용하자. 다음은 국내에서 많이 쓰이는 영어 독서 프로그램들이다. 대부분 무료 체험이 가능하니 아이와 둘러보고 어떤지 이야기해보자.

온라인 영어 독서 프로그램 목록

 EBSe 펀리딩	온라인 영어 독서 프로그램이 아이에게 맞을지 고민된다면 'EBSe 펀리딩'으로 먼저 시작하자. 500여 권의 영어 책을 분야별, 수준별로 볼 수 있다. EBSe 채널에서는 책을 읽고 설명도 해주는 프로그램을 방영한다. 읽은 책이 '마이페이지'에 기록되고, 책에 따라서는 퀴즈를 제공하기도 한다. 음원 파일을 다운받을 수 있어 이동 시간에 듣기 자료로 활용 가능하며, 받아쓰기 용도로도 사용할 수 있다.	
라즈키즈 코리아 라즈키즈 코리아	3,000여 권의 콘텐츠가 레벨별로 제공된다. 렉사일 지수 기반의 레벨 테스트를 따로 받아볼 수도 있다. 듣기와 녹음 기능이 있어 청독과 따라 읽기 연습이 가능하며 퀴즈 풀기로 내용을 확인한다.	
 리틀팍스	동화와 동요 영상 등 5,000여 편의 콘텐츠가 있고 1~9단계로 분류된 수준별 동화 애니메이션이 있다. 전자책보다 애니메이션 동화 영상이 기본 콘텐츠이다. 파일을 내려받아 종이로도 출력해 볼 수 있다. 자막, 속도 조절 기능, 녹음 기능이 있고, 단어장, 단어 퀴즈, 음원 파일을 제공한다. 듣기, 말하기, 읽기 클래스에서는 일일 계획표와 별표, 상장 등의 보상 시스템을 이용할 수 있다. 한 아이디로 가족 4명이 이용 가능하다.	

READINGGATE 리딩게이트	2,000여 권의 전자책과 유명작, 수상작에 관한 퀴즈 등 5,000여 편의 콘텐츠가 있다. 수상작, 유명작은 '우리 집은 도서관'과 제휴하여 저렴하게 대여할 수 있다. 22단계의 자체 레벨과 레벨 테스트, 보상 시스템을 운영한다. 읽기 화면에서 텍스트, 단어장, 오디오, 하이라이트 선택, 속도 조절 기능, 퀴즈 기능을 제공한다. 워크북을 구입하여 집에서 학습할 수 있다.	
책 읽는 즐거움, 리딩앤 **READING &** 리딩앤	유명 리더스북 라인의 퓨쳐팩(전자책 시스템)을 제공하는 것으로 유명하다. 미국식과 영국식 발음 2가지로 음성 지원된다. 단어장, 사전, 녹음, 속도 조절 기능이 있다. 《Oxford Reading Tree》와 《Big Cat Readers》일부를 무료 체험할 수 있다. 각각의 리더스북 라인을 따로 1년권으로 구입해야 한다.	
RENAISSANCE **myON®** 마이온	AR 지수를 개발한 르네상스 러닝사의 온라인 영어 도서관이다. 6,000여 권의 전자책이 있는 마이온 프로그램과 AR 북 퀴즈 프로그램(도서는 제공하지 않고 해당 도서의 AR 퀴즈 제공), SR 테스트를 제공한다(SR은 AR 기반 리딩 레벨 테스트). 1년권을 구매하면 SR 테스트 1회 이용권을 제공한다.	
아이들이북 idolebook.com 아이들이북	〈National Geogrphic Kids〉, 〈Time for Kids〉 같은 비문학 리더스와 〈Arthur〉, 〈Max & Ruby〉등 유명 TV 시리즈 영상과 전자책을 함께 볼 수 있다. 같은 시리즈의 영상과 전자책을 함께 활용하는 장점이 있으며 자체 레벨 테스트와 독후 활동을 제공한다. 자녀 2명까지 동시 이용 가능하고 7일 무료 체험을 할 수 있다. 전자책과 영상을 별개 혹은 함께 신청할 수 있다.	

 ABC에그	파닉스, 사이트워드부터 원서 읽기까지 폭넓게 구성되어 있으며 캐릭터, 보상 시스템이 게임 형식으로 운영된다. 온라인 도서관에서 2,500여 권의 전자책을 볼 수 있다. 아이디 하나로 최대 4명까지 동시 이용이 가능하며 무료 워크시트도 제공한다. 6개월, 1년 단위로 이용권을 구매할 수 있다.	
 epic	미국 온라인 영어 독서 프로그램으로 4만여 권의 영어 책, 만화책, 교육용 영상, 오디오북을 이용할 수 있다. AR 지수, 주제, 나이별로 분류된 콘텐츠를 제공한다. 'Read to Me' 기능은 단어를 하이라이트로 보여준다. 사전, 퀴즈 기능이 있고 'Epic Originals'이라는 자체 체작 콘텐츠도 있다.	

영자 신문 보기 전에,
한글 신문 먼저 읽기

아이가 긴 호흡의 책을 읽기 힘들어한다면 짧은 기사 한 편을 보는 게 더 효과적일 수 있다. 시작은 영자 신문보다 한글 신문을 추천한다. 어린이용 신문이 따로 있어 아이 수준에 맞춰 읽을 수도 있고, 우리 주변에서 일어나는 일을 다루고 있기 때문에 부모와 이야기를 나누기도 좋다.

처음 시작할 때 보기 좋은 어린이 신문은 주 1회 발행되는 〈우다다 뉴스〉다. 분량이 짧아 저·중학년에게 좋다. 월 단위로 구독하거나 작년 신문을 저렴하게 구매할 수도 있다. 환경, IT, 과학, 생태, 사회, 국제, 문화예술을 주제로 한 묶음 신문도 따로 구매할 수 있다. 어휘 학습과 질문, 활동 내용이 함께 제공되어 입문용으로 부담 없다. 중·고학년에게는 한국신문협회에서 무료로 내려받을 수 있는 〈신문 기사 밑줄 치며 즐겁게 읽기〉를 추천한다. '2022 신문으로 문해력 키우기 NIE 패스포트'라는 부제가 붙어 있다. 2018~2022년에 발행된 신문에서 발췌한 기사와 그에 따른 활동(낱말 퍼즐, 중심 문장 찾기, 자기 의견 쓰기)이 함께 제공된다.

성인 신문사에서 발행하는 어린이 신문도 있다. 〈어린이 동아〉와 〈어린이 조선일보〉는 일간지고, 〈어린이 경제신문〉은 주간지다. 〈어린이 동아〉는 회원 가입을 하면 일정 금액을 지불하고 지면 기사를 PDF 파일로 내려받을 수 있다. 〈어린이 조선일보〉는 분기별로 신문 내용을 모아《신문은 선생님》이라는 학습용 단행본을 펴낸다.

우다다 뉴스

신문 기사 밑줄 치며 즐겁게 읽기

천천히, 꾸준히
영어 일기 쓰기

아이들은 쓰기를 가장 어려워하고, 하기 싫어한다. 성인도 마찬가지다. 어른조차 글쓰기를 어려워하는 경우가 많다. 모국어로도 힘든 글쓰기를 영어로 한다는 게 어디 하루아침에 되는 일인가. 그럼에도 아이가 어려움을 이기고 뭐라도 쓴다면 그 노력과 도전을 진심으로 칭찬해야 한다. 그리고 인내심을 가지고 지켜봐야 한다.

들고 말할 수 있다고 해서 누구나 다 글쓰기를 잘하는 것은 아니다. 자기의 생각과 감정을 알맞은 단어와 문장으로 표현하려면 일단 자기 생각과 감정을 분명하게 인식해야 한다. 글감 찾기, 목적에 맞는 글쓰기 형식 익히기, 주장을 뒷받침할 만한 근거를 통해 자기 생각을 논리적으로 전달하기 등 모두 훈련이 필요하다. 거기에 철자법, 구두점, 문법 오류까지 신경써야 한다.

생각을 조직하고 표현하는 수단인 글쓰기는 우리말이든 영어든 기본 과정은 비슷하다. 즉 우리말 글쓰기의 전략과 방법을 잘 알고, 많이 써본 사람이 영어로도 글 쓰기를 잘할 확률이 매우 높다. 아이가 영어로 리딩로그와 일기 쓰기를 잘하기 바란다면 한국어 글쓰기를 잘하는지 먼저 확인해야 한다. 어떤 주제에 대해 우리말로 자기 생각을 표현하기 어려워하는 아이가 영어 에세이를 잘 쓸 확률은 거의 없다.

리딩로그를 통해 좋은 영어 문장 필사하기, 내 생각 간단히 써보기와 같은 훈련을 꾸준히 하자. 영어 독서와 연계하여 부담 없이 영어 쓰기 실력을 높일 수 있는 방법이다. 영어 일기 쓰기도 좋은 활동이지만 꾸준히 하기가 어렵다. 국어 시간에도 1학년 때부터 그림일기 쓰기가 나오지만 꾸준히 쓰는 아이들은 드물다(학교에서는 아이들 일기 검사를 강제로 할 수 없다).

글쓰기는 교사도 지도하기 어렵다. 가정에서 주 1~2회라도 한글 책 읽고 독서록 쓰기, 한글로 일기 쓰기를 독려하자. 글자 수는 아이 수준에 맞춰 차츰 늘리면 된다. 중요한 건 꾸준히 쓰는 것이다. 책을 읽으며 자기 생각을 정리하고, 일기를 쓰며 하루를 글로 정리하는 습관을 지닌 아이들은 어휘력만 쌓이면 영어로도 글을 잘 쓴다. 이런 과정 없이 갑자기 영어로 일기를 쓰게 하면 자녀와 부모 모두 고통스럽기만 할 뿐이다.

한글로 일기, 독서록 쓰는 습관은 중학년 무렵까지 확실히 잡아야 한다. 어느 정도 루틴이 잡히면 영어 일기 쓰기에도 도전하자. 일기라고 해서 꼭 그날 일만 적을 필요는 없다. 어떤 주제에 대한 자기 생각을 쓸 수도 있다. 한글로 일기를 쓸 때도 아침에 일어나서 잠들 때까지 반복되는 일과를 매일 쓸 필요는 없다. 그런 글쓰기는 매번 쓰는 문장만 반복적으로 쓰게 되어 쓰기 실력 향상에 큰 도움이 되지 않고 무엇보다 지루하다. 어느 한 가지 소재를 골라 그것에 대해 자세히 써보는 것이 좋다.

아직 단어와 표현에 제약이 있어 아이가 영어 일기를 쓰기 어려워할 때는 초등학생 대상 영어 일기 관련 도서를 참고해보자. 《1일 1쓰기 초등 영어일기》, 《초등 영어일기 패턴100+따라쓰기50》 같은 책을 참고하여 하루 한 장씩 연습해보자. 패턴을 따라 써보거나 예시 문에서 단어 정도만 바꿔 쓰면 되는 유도적 쓰기(Guided Writing) 형태이기 때문에 백지 상태에서 글 하나를 써야 하는 것보다 훨씬 부담이 적다. 쓰면서 유용한 영어 문장 패턴도 익힐 수 있다.

아이가 쓴 글의 오류는 굳이 고치려 하지 말자. 기껏 어렵게 쓴 글인데 자꾸 지적받으면 의욕이 꺾인다. 최대한 자유롭게 많이 써보는 것이 우선이다. 오류는 책에 나온 예시문을 보며 스스로 찾아보게 하는 것이 좋다.

효율성과 가성비를 고려한
영어 말하기 훈련

집에서 영어 환경 만들기를 잘해오던 부모들도 영어 말하기에는 유독 불안감을 느낀다. 영어유치원 출신인 옆집 아이가 원어민 같은 발음으로 말하는 걸 보면 부러움과 불안감이 교차한다. 책을 읽어주며 영어 노출 환경을 만들어주려고 노력해왔지만, '우리 아이의 영어 말문은 언제 터지나' 기다리기가 힘겹다. 영어 책은 어느 정도 읽는 것 같으니 이제 원어민 수업이 필요한 것 아닌가 하며 화상 영어를 검색하지만, 가격대가 만만치 않아 망설여진다.

이 같은 고민의 이면을 한번 들여다보자. 영어로 인한 심리적, 경제적인 부담이 왜 이리 클까? 그리고 영어로 말을 잘한다는 것은 과연 어떤 것일까? 왜 이토록 긴 시간과 많은 비용을 들여 영어를 배우는 걸까?

주된 이유는 영어가 세계에서 가장 널리 쓰이는 언어이기 때문이다. 어디에서도 영어가 미국이나 영국의 언어이기 때문에 배워야 한다고 하지 않는다. 현재 영어가 세계 공용어이기 때문에 배우는 것이다.

그런데 우리나라 사람들은 유독 '원어민 영어 발음'이라는 것에 가치를 크게 둔다. 영어로 말해야 할 때 "제 발음이 안 좋아서…"라며 말끝을 흐리는 사람들도 종종 본다. 우리나라에서 좋은 발음의 기준은 미국으로 대표되는 북미권 영어다. 물론 정확한 발음은 중요하다. 발음이 명확하지 않으면 전하고자 하는 바가 제대로 전달되지 않거나 전혀 다른 의미가 되기도 한다. 영어 음원을 많이 듣고 따라 하며 정확히 발음하려는 노력은 영어 학습 전반에 걸쳐 중요하다. 문제는 발음으로 우월감 또는 열등감을 느끼거나, 발음이나 국적으로 외국인 교사를 평가하는 태도다.

우리가 주변에서 흔히 구할 수 있는 자료는 대부분 미국식 영어로 되어 있다. 영어 노출을 꾸준히 하면 자연스럽게 미국식으로 발음할 수밖에 없는 환경에서 사는 셈이다. 그런데 우리나라도 경상도, 전라도, 경기도 방언이 다르듯이 미국도 지역에 따라 영어의 차이가 크다. 세계 무대에서 의사소통하려면 각국 사람이 하는 영어를 잘 알아들을 수 있어야 한다. 영어는 제2언어, 또는 외국어로 영어를 사용하는 나라에서 그 나라 언어의 특성과 결합한 형태로 발전한다. 인도식 영어인 힝글리쉬Hinglish, 싱가포르식 영어인 싱글리쉬Singlish가 대표적인 예다. 우리나라도 콩글리쉬라는 한국식 영어 표현이 있다. 다른 나라의 언어를 받아들이는 영어의 유연함을 보여주는 예다. 세계 최고 권위를 자랑하는《Oxford English Dictionary》에 콩글리쉬라던 'fighting(파이팅)', 'handphone(핸드폰)' 같은 단어가 실리고, 심지어 다른 나라에서도 쓰인다. 옥스퍼드대 언어학과 조지은 교수는 '콩글리쉬가 우리의 소프트파워'라고 했다.[43]

영어를 할 때 가장 중요한 게 바로 자신감이라는 사실은 몇 번을 강조해도 지나치지 않다. 틀리면 어쩌나 하는 불안감이나 두려움은 일단 내려놓자. 부모가 아이 앞에서 발음을 스스로 평가절하 하는 태도 역시 바람직하지 않다. 무엇보다 세계 여러 나라의 다양한 영어를 열린 마음으로 배우고 존중하는 태도가 절실히 필요하다.

2022년 사교육비 지출은 또 한 번 최고치를 경신했다. 1위는 단연 영어다.[44] 공교육 영어만으로는 대입에서도, 실용 영어에서도 성공하지 못할 거라는 불안감은 이미 공통된 정서가 되었다. 영어 교육은 거대한 자본 시장이 된 지 오래다. 하지만 영어는 경제적 조건이나 환경에 상관없이 누구에게나, 특히 아이들에게 주어지는 삶의 도구이자 무기가 되어야 한다고 생각한다.

가정 경제에서 영어 공부에 지출하는 비용이 과도해지면 문제가 생길 수 있다. 일단 부모의 노후 대비에 적신호가 켜진다. 게다가 영어에 많은 비용을 투자하면 당장 눈앞에 보이는 빠른 성과를 기대하게 되는데, 이는 대부분 시험 성적 같은 결과에 대한 압박으로 이어진다. 부모와 자녀 관계에도 스트레스 요인이 많아진다. 거듭 강조하지만 꼭 많은 비용을 들여야 영어 교육에 성공하는 것은 아니다. 사교육을 받든, 집에서 영어 공부를 하든 독서 습관과 공부에 대한 긍정적 태도가 잡혀 있지 않으면 아무리 비용과 시간을 쏟아부어도 그 효과는 미미하다.

과연 영어를 잘한다는 것의 의미는 무엇일까. 결국 중요한 것은 내용이다. 전달하고자 하는 내용(지식이나 생각)이 있어야 하고, 그 것을 조리 있고 자신감 있게 표현하는 태도가 필요하다. 지식의 양이나 생각의 깊이는 평소 한글과 영어 독서, 교과서 공부, 부모와의 대화, 다양한 경험으로 쌓인다. 바른 태도로 말을 주고받는 기본적인 예의도 부모와의 대화에서 배운다. 이 같은 훈련이 가정에서 잘 이뤄져야 한다. 여기에 영어 노출량이 쌓이면 기회가 왔을 때 자연스럽게 영어로 말할 수 있게 되는 것이다.

자기 분야에서 세계적인 성공을 거둔 방탄소년단(BTS)의 멤버 김남준(RM)은 자기표현의 수단으로 영어를 잘 활용한다. 2018년 UN에서 한 영어 연설은 발표의 정석이라 할 수 있다. 최근 한 외국 언론과의 인터뷰에서는 K-pop에 대한 공격적이고 무례한 질문에, 우리 문화와 역사에 대한 이해와 자부심이 묻어난 답변으로 또 한 번 화제가 되었다.[45]

그럼 현실적으로 아이들이 영어 말하기를 어떻게 연습할 수 있을까? 화상 영어나 원어민 대면 수업은 영어로 직접 의사소통할 수 있다는 점에서 좋은 말하기 연습 수단이다. 따져봐야 할 것은 가성비와 효율성이다. 원어민 화상 수업은 분 단위로 가격이 매겨진다. 그런데 아직 대화할 만한 내용이 없거나 낯선 사람과 대화하는 게 어려운 아이들은 상당 시간을 침묵한다. 외국인을 만나본 경험으로 삼기에는 비용이 만만치 않다. 이런 것은 효과를 최대한 볼 수 있을 때 시도하기를 권한다. 저학년 때부터 꾸준히 영어 노출을 해왔고 낭독이나 발표가 익숙할 때, 아이가 중얼중얼 영어로 말이 많아질 때, 그리고 본인이 원할 때가 적기다.

영어 말하기 연습 프로그램으로 앞서 소개한 EBSe AI펭톡도 추천한다. 누구나 무료로 이용할 수 있고, 초등 교육 과정에 나온 대화문을 주제별 게임 형식으로 접할 수 있다는 것이 가장 큰 장점이다. 디지털 기기에서 영어 말하기 연습용 앱을 활용할 수도 있다. 영화, 영상의 한 장면을 더빙하면서 섀도잉, 따라 말하기 연습을 할 수 있는 2DUB(PC, 스마트 기기 모두 사용 가능)이나 라바키즈 앱도 추천한다.

화상 영어도 자체 교육 과정을 갖추고 교재와 책으로 수업하는 곳이 많아졌다. 강사들의 출신 국적보다 자격과 수업 경험을 보고 선택하는 것이 좋다. 강사 선택제, 담임제, 수업 교재와 내용, 수업 후 피드백 제공, 관리 시스템에도 조금씩 차이가 있으니 무료 체험을 이용해보고 결정하자. 화상 영어 프로그램 업체로는 튜터링 초등, 토크스테이션, VIP KID, 캠블리 키즈, 링글, 제시잉글리쉬스쿨, 해피전화·화상영어, 민트영어, 스픽클, 노바키드 등이 있다. 적합한 이용 시기는 수준과 성향에 따라서 중학년일 수도 있고 고학년일 수도 있다. 시작 시기보다 방법이 중요하다는 것을 잊지 말자.

CHAPTER 8

5·6학년,
원서 자료 활용해
영어 문해력 잡기

5학년 영어 1년 계획

학기/방학	영어 공부 중점 사항	타 과목 공부 중점 사항
1학기	☞ 기본 루틴 • 영어 책 다양하게 읽기 • 영어 일기, 리딩로그 쓰기(주 2회 이상) • 영어 교과서 복습하기(디지털 교과서) • 영어 독해 교재 풀기 • 영자 신문 읽기 • 장편 영화 + 다양한 영어 영상 보기 [선택] 북 트레일러 활동 또는 화상 영어	• 국어책 정독하고 단어 정리하기 • 사회책, 과학책 정독하며 복습, 개념어 정리하기 • 수학익힘책 + 수학 문제집 풀기 • 한글 독서하기 • 일기, 독서록 쓰기(주 2회 이상) • 한글 신문 보기 • 운동하기(주 2회 이상)
여름 방학	☞ 기본 루틴 • 영어 책 다양하게 읽기 • 영어 일기, 리딩로그 쓰기(주 2회 이상) • 영어 독해 교재 풀기 + 스킬북 풀기 • 영자 신문 읽기 • 장편 영화 + 다양한 영어 영상 보기 • 디지털 교과서로 2학기 내용 미리 훑어보기 • 영어 문법 교재 시작하기(초등용) [선택] 북 트레일러 활동 또는 화상 영어	• 국어 독해 문제집 풀기 • 수학 1학기 복습 문제집 풀기 +α • 한글 소설, 다양한 장르 책 읽기 • 일기, 독서록 쓰기(주 2회 이상) • 한글 신문 보기 • 운동하기(주 2회 이상) • 여행하기
2학기	☞ 기본 루틴 • 영어 책 다양하게 읽기 • 영어 일기, 리딩로그 쓰기(주 2회 이상) • 영어 독해 교재 풀기 • 영자 신문 읽기 • 영어 교과서 복습하기(디지털 교과서) • 장편 영화 + 다양한 영어 영상 보기 • 영어 문법 교재 복습하기(초등용) [선택] 북 트레일러 활동 또는 화상 영어	• 국어책 정독, 단어 정리하기 • 사회책, 과학책 정독하며 복습, 개념어 정리하기 • 수학익힘책 + 수학 문제집 풀기 • 한글 독서하기 • 일기, 독서록 쓰기(주 2회 이상) • 한글 신문 보기 • 운동하기(주 2회 이상)
겨울 방학	☞ 기본 루틴 • 영어 책 다양하게 읽기 • 영어 일기, 리딩로그 쓰기(주 2회 이상) • 영어 독해 교재 풀기 + 스킬북 풀기 • 영자 신문 읽기 • 장편 영화 + 다양한 영어 영상 보기 • 디지털 교과서로 6학년 내용 미리 훑어보기 • 영어 문법 교재 풀기(초등용) [선택] 북 트레일러 활동 또는 화상 영어	• 국어 독해 문제집 풀기 • 수학 복습 문제집 풀기 +α • 한글 독서하기 • 일기, 독서록 쓰기(주 2회 이상) • 한글 신문 보기 • 운동하기(주 2회 이상) • 여행하기

공부 목표와
방향은 스스로 찾기

5학년과 6학년의 각 교과목 공부 계획은 학년별로 안내하되 영어 학습법은 두 학년을 통합했다. 좋아하는 챕터북 시리즈를 끝까지 읽은 경험이 있거나, 영어 책을 다독하고 독해 교재를 꾸준히 풀어왔다면 학년 구분은 큰 의미가 없기 때문이다.

학년이 올라갈수록 해야 할 것이 점점 늘어난다. 영어뿐만 아니라 다른 과목도 마찬가지다. 고학년에서는 시간 관리가 무척 중요한데, 주어진 시간이 한정적이기 때문이다. 4학년 때 국어 1시간, 영어 1시간, 수학 1시간 공부하던 것을 5~6학년이라고 해서 갑자기 2배로 늘릴 수는 없다. 해야 할 일이 늘어났다면 시간을 더 효율적으로 사용해야 한다.

지금까지의 기본적인 공부 습관(영어 책 독서, 음원과 영상 듣고 보기, 한글 책 독서, 교과서 복습)은 분량과 시간을 조절하더라도 놓아서는 안 된다. 수면과 운동 시간, 최소 하루 한 번 온 가족이 함께 식사하는 시간도 줄여서는 안 된다. 사교육을 시도할 때는 가장 기본적이고 중요한 것과 균형을 맞출 수 있는지, 그럴 만한 가치와 필요가 있는지를 곰곰이 생각해봐야 한다.

ⓐ 교과목 공부

본격적인 고학년이 되는 5학년부터는 4학년과 비슷하지만, 난이도가 높아지고 실과 교과목이 추가된다. 실과는 가정생활, 경제교육, 요리, 바느질, 진로, 소프트웨어 등의 내용을 다룬다. 이때는 한글이든 영어든 몰입하여 독서해야 하는 시기다. 특히 이 시기에는 신체적, 정서적인 변화가 크고 사춘기에 접어드는 아이들이 많으니 부모는 그런 변화를 잘 살피고 대화하면서 아이들의 자율성을 존중해주자.

• 국어

시, 이야기, 연극, 주장하는 글, 설명하는 글 읽기, 글 요약하기, 기행문 쓰기, 토의하기, 토론하기, 경험한 내용으로 글쓰기, 여러 매체 자료 읽기 등 지문과 활동의 소재도 다양해진다. 글쓰기도 늘어난다. 평소 일기를 써온 아이라면 경험한 내용이나 기행문 쓰기 같은 생활 소재 글쓰기가 크게 어렵지 않을 것이다. 하지만 어휘력이 뒷받침되지 않으면 교과서 지문을 이해하는 게 녹록지 않다. 게다가 5학년 1학기 국어에는 주어-서술어 간 문장 성분 호응이 나오며 처음으로 문법 용어도 등장한다.

• 수학

약수와 배수, 약분과 통분, 분모가 다른 분수의 덧셈과 뺄셈, 다각형 둘레와 넓이, 분수와 소수의 곱셈, 직육면체 등의 내용이 나오기 때문에 이전 학년에서 학습이 부진했으면 수업을 따라가기도 힘들다. 과도한 선행으로 아이에게 스트레스를 줄 필요는 없지만, 교과서의 개념과 익힘책의 문제를 스스로 꼼꼼하게 푼 뒤에 문제집으로 보충해 현행에 결손이 없도록 해야 한다. 수업 내용을 이해하지 못하는 것도 학교생활의 질을 저하시키기 때문이다.

• 사회

우리 국토 전체 영역을 다룬 지리, 인권과 법, 한국사가 나온다. 고학년이 되면 사회 역시 다루는 지식의 범위와 깊이가 대폭 넓어지고 깊어진다. 한자 개념어를 잘 이해해야 교과서 지문도 이해할 수 있다. 역사 관련 책이나 위인전을 보며 미리 배경지식을 쌓아두는 것이 좋다. 단원에서 배운 내용을 공책에 요약하고 개념어 정의도 따로 정리하자.

• 과학

온도와 열, 태양계와 별, 용해와 용액, 생물과 환경, 날씨, 물체의 운동, 산과 염기 등의 내용을 다룬다. 과학 원리를 활용한 다양하고 흥미로운 활동으로 구성되지만, 용어는 거의 다 한자 개념어다. 교과서 개념어를 놓치고 가지 않도록 주의하자. 수업이 있는 날 바로 실험 관찰 교과서에 기록한 내용을 복습하고 과학 교과서를 정독하는 습관을 들이자.

🎓 영어

5학년 영어는 4학년보다 수준이 훌쩍 높아진다. 4차시 동안 배우던 한 단원이 6차시로, 주당 수업 시간도 3교시로 늘어난다. 읽기 지문 길이도 부쩍 길어진다. 지금까지 영어 루틴을 꾸준히 지켜왔다면 5학년 교과서도 어렵지 않을 것이다. 교과서에는 그 학년에서 다뤄야 하는 어휘, 문법 사항이 담겨 있기 때문에 지문과 단어는 꼼꼼히 확인해야 한다.

고학년은 교과서와 챕터북 외에 다양한 영어 자료를 전략적으로 활용해야 할 시기다. 중학교 입학을 앞두고 입시에 맞는 영어 학습 계획이 필요하다는 뜻이다. 이 책의 목표는 초등학교 졸업 무렵 아이들을 AR 3점대 이상 수준에 도달하게 만드는 것이다. 그러나 읽기 수준, 어휘 수준 차이에 따라 어떤 아이는 목표한 시기보다 먼저

이 수준에 도달하기도 하고, 어떤 아이는 중학교에 들어가서 도달하기도 할 것이다. 그 정도 차이는 별 문제가 없다.

고학년은 자기 주도적 공부 습관이 내재화되는 시기다. 지금까지의 학습 루틴을 아이 스스로 실천해나가는 것이 가장 중요하다. 그러기 위해서 부모가 어릴 때부터 아이에게 맞는, 바람직한 공부 습관을 잡아주려고 애써온 것이다. 이제 부모는 옆에서 지켜보며 지지하고 믿어주고, 아이는 스스로 자신에게 맞는 공부의 목표와 방향을 찾아야 한다.

고학년이 되면 모든 과목의 분량이 중학년 때보다 확연히 늘어난다. 그럼에도 아이가 영어에 대한 긍정적인 감정을 유지하려면 공부하는 의미와 이유를 찾아야 한다. 평소 아이와 함께 독서하고 대화하는 것이 자연스러운 부모라면, 이 시기 공부 스트레스나 사춘기로 인한 정서적, 심리적 변화에 대해서도 좀 더 편하게 서로 이야기할 수 있고 이 시기를 잘 넘길 가능성이 높다.

관심 있는 내용을 공부한다면 슬럼프가 오더라도 이겨낼 수 있다. 좋은 대학이든, 특정 직업이나 분야든, 목적이 있다면 공부하는 과정이 힘들어도 견딜 수 있다. 내적 동기가 있고 공부 습관을 갖춘 아이들이 대학 입시는 물론 다른 일도 잘 헤쳐나갈 수 있다.

고학년은 교과서 단어와 지문 숙지하기, 영어 챕터북 읽기, 좋아하는 영어 영상 보기를 계속하되 시간을 현명하게 안배해야 한다. 거기에 어휘, 비문학 지문, 독해 교재, 문법, 쓰기, 말하기 등 더 세분화된 영역별로 맞는 자료를 가지고 실력을 업그레이드해야 한다.

5~6학년에서 영역별로 활용할 수 있는 자료, 교재를 정리한 237쪽의 표를 보고 아이의 수준에 따라 맞는 것을 골라보자. 오른쪽 칸은 6학년 때 더 권하는 자료다. 아직 기초가 부족하다면 4학년에서 제시한 자료로 돌아가는 것이 좋다.

5·6학년 영어 자료표

	5·6학년(AR 2.5~3.5 이상, 500~750L, GRL L~M, CEFR A2~B1)	
교과서	단어, 읽기 지문 필사, 한글 해석 보고 영작하기, 받아쓰기 하기(디지털 교과서 활용)	
원서	챕터북, 뉴베리 소설 도전(AR 2.5 이상), 리딩로그 쓰기	
신문	〈NE Times〉, 〈키즈타임즈〉(EBSe, 신문사 구독/ 홈페이지 활용)	
방송, 영상	• EBSe 프로그램 〈Maddie's Do You Know?〉, 〈영어 스토리 타임〉, 〈만화로 배우는 영어속담〉 등 • 유튜브 채널 〈Nat Geo Kids〉 등	• BBC Learning English의 〈6 Minutes English〉 • TED Ed
단어장	• 독해 교재, 챕터북 읽으며 내 단어장 만들기 • 단어 교재 《읽기만 해도 저절로 외워지는 초등 영단어》, 《초등 영단어, 단어가 읽기다》	• 중학 대비 단어집 《중학 영단어 단어가 읽기다》, 《60일 만에 마스터하는 중학 필수 영단어 1200》
독해 교재	• 400~500L: 《Insight Link Starter 1, 2, 3》, 《Subject Link Starter 1, 2, 3》, 《Bricks Reading 200 1,2,3》, 《Bricks Story Reading 230 1,2,3》 • 500~600L: 《Insight Link 1,2,3》, 《Subject Link 1,2,3》, 《Bricks Reading 250 1,2,3》 • 600~750L: 《Bricks Reading 300 1,2,3》 • 670~760L: 《Insight Link 4,5,6》 • 720~830L: 《Subject Link 4,5,6》	
문법 교재	• 초등 대상 입문용 문법 교재 《비주얼 씽킹 초등 영문법 1, 2》, 《혼공 초등영문법 8품사편》, 《혼공 초등영문법 기초구문편》, 《초등 영문법, 문법이 쓰기다》, 《그래머 버디 1, 2, 3》	• 어린이용 영어 영문법서 《My First Grammar》, 《Grammar Cue》, 《Grammar Stage》, 《Grammar in Mind 1, 2, 3》 • 한글 영문법서 《초등 영문법 777》, 《초등영문법 3800제》
말하기	AI펭톡, 말하기 앱, 화상 영어, ChatGPT 활용(263쪽 참고)	
쓰기	• 일기 쓰기 관련 도서 《1일 1쓰기 초등 영어일기》, 《초등 영어일기 패턴100 + 따라쓰기50》 • 영어 쓰기 스킬북 《My First Writing》, 《I Can Write English!》, 《Write It!》, 《Write Right》 • 영작 첨삭지도: ChatGPT 활용(263쪽 참고)	

6학년 영어 1년 계획

학기/방학	영어 공부 중점 사항	타 과목 공부 중점 사항
1학기	☞ **기본 루틴** • 영어 책 다양하게 읽기 • 영어 일기, 리딩로그 쓰기(주 2회 이상) • 영어 독해 교재 풀기 • 영자 신문 읽기 • 영어 교과서 복습하기(디지털 교과서) • 장편 영화 + 다양한 영어 영상 보기 [선택] 북 트레일러 활동 또는 화상 영어	• 국어책 정독, 단어 정리하기 • 사회책, 과학책 정독하며 복습, 개념어 정리하기 • 수학익힘책 + 수학 문제집 풀기 • 한글 독서하기 • 일기, 독서록 쓰기(주 2회 이상) • 한글 신문 보기 • 운동하기(주 2회 이상)
여름 방학	☞ **기본 루틴** • 영어 책 다양하게 읽기 • 영어 일기, 리딩로그 쓰기(주 2회 이상) • 영자 신문, 영어 방송 활용하기 • 영어 독해 교재 풀기 + 스킬북 풀기 • 영어 문법 교재 풀기(영어 문법서) [선택] 북 트레일러 활동 또는 화상 영어	• 국어 독해 문제집 풀기 • 수학 1학기 복습 문제집 풀기 +α • 한글 소설, 다양한 장르 책 읽기 • 일기, 독서록 쓰기(주 2회 이상) • 한글 신문 보기 • 운동하기(주 2회 이상)
2학기	☞ **기본 루틴** • 영어 책 다양하게 읽기 • 영어 일기, 리딩로그 쓰기(주 2회 이상) • 장편 영화 + 다양한 영어 영상 보기 • 영어 독해 교재 풀기 + 스킬북 풀기 • 영자 신문 읽기 • 영어 교과서 복습하기(디지털 교과서) [선택] 북 트레일러 활동 또는 화상 영어	• 국어책 정독, 단어 정리하기 • 사회책, 과학책 정독하며 복습, 개념어 정리하기 • 수학익힘책 + 수학 문제집 풀기 • 한글 독서하기하기 • 일기, 독서록 쓰기(주 2회 이상) • 한글 신문 보기 • 운동하기(주 2회 이상)
겨울 방학	☞ **기본 루틴** • 영어 책 다양하게 읽기 • 영어 일기, 리딩로그 쓰기(주 2회 이상) • 장편 영화 + 다양한 영어 영상 보기 • 영자 신문, 영어 방송 활용하기 • 영어 독해 교재 풀기+ 중학교 단어장 • 영어 문법 교재 풀기(중등 대비용) [선택] 북 트레일러 활동 또는 화상 영어	• 국어 독해 문제집 풀기 • 수학 복습 문제집 풀기 +α • 한글 독서하기 • 일기, 독서록 쓰기(주 2회 이상) • 한글 신문 보기 • 운동하기(주 2회 이상)

초등학교를 마무리하고
중학교 준비하기

📖 교과목 공부

6학년은 5학년 때와 공부 방향이 크게 다르지는 않다. 교과서 정독을 기본으로 문제집, 참고서를 병행하여 꼼꼼하게 복습하며 공부 내용을 확인하면 된다. 선행 욕심에 6학년 교과 과정을 소홀히 하지 않는 것이 중요하다. 고학년 교과서는 난이도가 만만치 않다. 이때 스스로 자기 강점과 약점을 고려하여 학습 계획을 세워 자기 주도적으로 공부하는 아이들이 중학교, 고등학교에 가서도 그 흐름을 이어간다.

6학년은 5학년 때보다 아이들의 신체적, 심리적 변화의 폭이 크고 민감하다. 부모가 시키는 그대로 따르는 시기는 이제 지나갔다. 지금까지의 학습 루틴을 유지하면서 앞으로의 진로, 생활, 공부 등에 대한 아이의 생각에 귀 기울이고, 함께 바람직한 방향을 찾아나가야 한다. 영어 공부도 아이의 전반적인 교과목 학습, 생활 습관, 정서 상태와 함께 유기적으로 생각해야 한다.

열심히 공부하는 아이는 힘껏 칭찬하고 격려해야 하지만, 전반적인 생활에서 성적만이 무조건적으로 우선시되면 안 된다. 자기 물건을 정리 정돈하고 집안일도 함께하면서 가족 구성원으로서 소속감과 책임감도 배워야 한다. 고학년이면 가정 경제의 규모, 부모가 하는 일, 사교육비에 대해서도 어느 정도 알고, 본인 용돈도 조절해야 한다. 이런 과정 자체가 부모와의 정서적 교류이자, 아이의 자립을 위한 경제 교육, 더불어 진로 탐색의 밑거름이 된다. 성적 외의 삶을 건강하게 꾸릴 수 있는 다양한 방법에 대한 교육도 놓쳐서는 안 된다.

• 국어

비유하는 표현, 이야기 간추리기, 자료 발표하기, 논설문 읽고 쓰기, 속담 활용하기, 연극, 내용 추론하기, 작품 속 인물의 삶 알아보고 자기 생각 쓰기, 학급 신문 만들기, 관용 표현 활용하기, 효과적으로 발표하기 등의 내용이 나온다. 관용어나 비유처럼 배경지식과 사고력을 요하는 표현, 글을 읽고 내용을 파악하는 것을 넘어 자기 생각을 조리 있게 글로 쓰고 효과적으로 발표하는 방법 등 수준이 한층 더 높아진다.

국어 교과서 정독은 초등학교뿐만 아니라 중학교에서도 중요하다. 정독 습관이 해당 학년에 맞는 문해력을 집중적으로 성장시키는 열쇠이기 때문이다. 끝까지 국어 교과서를 정독하는 습관을 놓치지 말자. 잘 모르는 어휘는 사전으로 확인하고, 기록 습관도 유지하게끔 격려하자. 글쓰기도 소홀히 여겨서는 안 된다. 국어 시간에 익힌 다양한 읽기, 글쓰기 전략은 영어 읽기, 글쓰기에도 그대로 적용된다.

• 수학

분수와 소수의 나눗셈 같은 연산, 입체 도형과 직육면체의 부피와 겉넓이, 원의 넓이 등 도형, 그래프, 비와 비율, 비례식과 비례배분 등이 나온다. 고학년 수학은 교과서와 수학익힘책만으로는 학습량이 부족하기 때문에 교과서를 기본으로 꼼꼼하게 확인하되, 수준에 맞는 문제집으로 반드시 보충 학습을 하자. 국어와 수학은 시간을 들여 충분히 복습해야 한다.

• 사회

우리나라의 정치, 경제 발전, 세계 여러 나라의 자연과 문화, 통일과 평화 등의 주제를 다룬다. 주제가 워낙 넓고 다양한 만큼 관련 도서나 뉴스, 신문 기사 등과 연계해 학습하면 좋다. 더불어 관련 내용을 영어로 찾아 읽어보거나 해당 지역과 관련된 영어권 뉴스를 들어보는 것도 영어와 사회 지식을 동시에 활용하는 좋은 방법이다. 교과서 정독을 통한 기본 개념어 숙지는 반드시 해야 한다.

• 과학

지구와 달의 운동, 여러 기체, 식물의 구조와 기능, 빛과 렌즈, 전기의 이용, 계절의 변화, 연소와 소화, 우리 몸의 구조와 기능, 에너지와 생활 등을 배운다. 교과 내용이 한층 전문적으로 세분화되므로 교과서 본문 개념을 확실히 이해하고 넘어가야 한다. 과학은 교과서를 기본으로 보되 관련 영상을 적극적으로 활용하면 효과가 배가 된다. 영어로 된 과학 관련 주제 유튜브 영상이나 기사를 찾아본다면 영어와 영상을 모두 효과적으로 활용하여 과학 지식을 습득할 수 있다.

🎓 영어

기본적으로 교과서 지문의 단어와 문장을 숙지한다. 기초가 약하다면 현재 영어 교과서 수준만큼 학습되었는지부터 확인하자. 다른 주요 과목 학습 상태도 점검해야 한다. 다른 과목 학습이 부진하다면 영어에만 시간을 쓸 수는 없기 때문이다. 국어 문해력이 탄탄하고 학습 의지가 있다면 영어 읽기는 생각보다 단시간에 끌어올릴 수 있다. 너무 쉬운 원서부터 시작하면 흥미와 효율 모두 떨어지니 수준에 맞는 어휘 교재, 독해 교재부터 시작한다. AR 1점대 후반~2점대 수준에 접어들면 원서 읽기도 병행한다.

영어 원서, 신문, 영상 등을 다양하게 활용하기

깊이 있는 문학 작품을 읽으려면 등장인물의 성격, 인물 간의 관계와 갈등 구조, 플롯, 시대적·공간적 배경에 대한 이해가 필수다. 아이들에게 고전 문학을 읽히는 이유는 그 자체가 높은 사고력을 요구하기 때문이다. 비문학을 좋아하는 아이는 문학을, 문학 위주로 읽는 아이는 영자 신문이나 독해 문제집을 병행해 읽힐 필요가 있다. 그렇다고 억지로 읽히면 자칫 독서 자체를 멀리할 수 있으니 주의하자.

초등 시절은 상대적으로 입시에 대한 부담이 덜하고, 읽고 싶은 책을 마음껏 읽을 수 있는 시기다. 아이가 좋아하는 영어 책이 있다면 원하는 만큼 읽게 두자. 책이 분량이 많아지면 주 1~2회 리딩로그 작성이 어려울 수 있지만, 그래도 월 2회 이상은 작성하도록 하자. 이렇게 작성한 리딩로그는 아이의 영어 독서 이력이 된다. 더불어 한글 책도 꾸준히 읽으며 독서 이력을 남기게 하자.

⬡ 뉴베리 수상작 읽기

본격적으로 고전 문학을 읽기 전, 뉴베리 수상작이 징검다리 역할을 할 수 있다. 뉴베리 수상작은 청소년 또래의 주인공이 겪는 다양한 심리적 변화를 섬세하게 나타낸 작품부터 대공황, 제2차 세계대전 같은 역사적인 비극 속에서 주인공이 겪는 고난과 역경을 다룬 작품까지 스펙트럼이 넓다. 아이 혼자 읽으면 어려울 수 있으니 꼭 부모도 함께 읽고 생각과 느낌을 나눠보기를 권한다. 어른에게도 재미있는 작품이 많다. 작품에 따라서는 독서 레벨이 800L 이상으로 높아 영어로 읽기 어려울 수도 있는데, 이때는 한글판을 먼저 읽어도 된다(뉴베리 수상작은 한글 독서에도 좋은 책이다).

뉴베리 수상작 중에서 절판되지 않은 한국어 번역본이 있는 책 위주로 선정했다. 독서 레벨도 표시했으니 수준과 흥미에 맞는 책을 골라 함께 읽고 대화해보자.

추천 뉴베리 수상작

수상 연도	원서	지은이	번역본	AR	Lexile
1953 Honor	Charlotte's Web	E.B. White	샬롯의 거미줄	4.1~4.5	680L
1964 Medal	It's Like This, Cat	Emily Cheney Neville	냥이를 위해 건배!	4.7	810L
1968 Honor	Jeniffer, Hecate, Macbeth, William Mckinley, and Me, Elizabeth	E. L. Konigsburg	내 친구가 마녀래요	4.5	680L
1968 Medal	From the Mixed-Up Files of Mrs. Basil E. Frankweiler	E. L. Konigsburg	클로디아의 비밀	4.7	700L
1971 Honor	Sing Down the Moon	Scott O'Dell	달빛 노래	4.9	820L
1971 Medal	The Summer of the Swans	Betsy Byars	열네 살의 여름	4.9	830L
1973 Honor	Frog and Toad Together	Arnold Lobel	개구리와 두꺼비가 함께!	2.9	450L
1976 Honor	Dragonwings	Laurence Yep	용의 날개	5.3	870L
1977 Medal	Roll of Thunder, Hear My Cry	Mildred D. Taylor	천둥아, 내 외침을 들어라!	5.7	920L
1977 Honor	Abel's Island	William Steig	아벨의 섬	5.9	920L
1982 Medal	Ramona Quimby, Age 8	Beverly Cleary	라모나는 아무도 못 말려	5.6	860L
1983 Honor	Doctor De soto	William Steig	치과 의사 드소토 선생님	3.6	560L
1984 Honor	The Wish Giver	Bill Brittain	소원을 들어주는 카드	4.4	720L
1986 Medal	Sarah, Plain and Tall	Patricia MacLachlan	엄마라고 불러도 될까요?	3.4	650L
1988 Medal	Lincoln: A Photobiography	Russell Freedman	대통령이 된 통나무집 소년 링컨	7.7	1,040L
1999 Medal	Number the Stars	Lois Lowry	별을 헤아리며	4.5	670L

1993 Medal	Missing May	Cynthia Rylant	그리운 메이 아줌마	5.1~5.5	980L
1994 Medal	The Giver	Lois Lowry	기억 전달자	5.7	760L
1996 Medal	The Midwife's Apprentice	Karen Cushman	서툴러도 괜찮아	6.0	1,150L
1998 Medal	Holes	Louis Sachar	구덩이	4.6~5.0	660L
2000 Medal	Bud, Not Buddy	Christopher Paul Curtis	난 버디가 아니라 버드야!	5.0	950L
2002 Medal	A Single Shard	Linda Sue Park	사금파리 한 조각	6.6	920L
2004 Medal	The Tale of Desperaux	Kate DiCamillo	생쥐 기사 데스페로	4.7	670L
2010 Medal	When You Reach Me	Rebecca Stead	어느 날 미란다에게 생긴 일	4.5	750L
2012 Honor	Breaking Stalin's Nose	Eugene Yelchin	세상에서 가장 완벽한 교실	4.6	670L
2014 Honor	Paperboy	Vince Vawter	나는 말하기 좋아하는 말더듬이입니다	5.1	940L
2016 Honor	Roller Girl	Victoria Jamieson	롤러 걸	3.2	440L
2017 Medal	The Girl Who Drank the Moon	Kelly Barnhill	달빛 마신 소녀	4.8	640L
2018 Medal	Hello, Universe	Erin Entrada Kelly	안녕, 우주	4.6	700L
2019 Medal	Merci Suárez Changes Gears	Meg Medina	머시 수아레스, 기어를 바꾸다	4.6	700L
2021 Medal	When You Trap a Tiger	Tae Keller	호랑이를 덫에 가두면	4.1	590L

📖 영자 신문 읽기

아이가 이야기책에 푹 빠져 시간 가는 줄 모르고 읽고 있다면 부모로서 이런 생각이 들 수도 있다.

'책 읽는 건 좋은데 저렇게 이야기책만 읽어도 되나? 비문학 지문도 중요하다던데 다른 것도 좀 읽지. 다른 공부는 언제 하려고 그러나…'

하지만 아이는 너무나 잘하고 있다. 한창 몰입해 읽고 있는데 굳이 다양한 자료를 읽어야 한다는 이유로 그 즐거움을 빼앗지는 말자. 대신 한정된 시간에 해야 할 다른 일들, 그리고 비문학 자료 읽기의 중요성도 상기시켜주며 시간을 잘 배분하도록 하자.

시나 소설 같은 문학이 아닌 모든 읽기 자료는 비문학이다. 뉴스, 설명서, 안내문 등 우리 생활은 온통 비문학 자료로 가득하다. 수능 시험의 언어와 영어 영역도 마찬가지다. 대학에 가서도 문학 전공이 아닌 이상, 읽어야 할 책의 대부분은 비문학이다. 비문학은 거창한 것이 아니다. 동물과 식물을 사진과 문장으로 설명하는 책도, 역사와 인물을 설명하는 책도 비문학이다.

무엇보다 교과서는 가장 쉽게 접할 수 있는 비문학 자료다. 국어, 사회, 과학 교과서는 학습자가 이해할 만한 주제, 어휘와 문장으로 쓰여 있으니 따로 교재를 구해서 보기 전에 교과서 정독이 먼저다. 교과서는 개념어와 문해력, 배경지식을 쌓는 데도 좋다. 이는 영어로 비문학을 읽을 때도 마찬가지다.

아이가 관심을 보이는 분야의 비문학 리더스북을 수준에 맞춰 읽히는 것으로 시작하자. 고학년 정도의 인지 수준이 되면 영자 신문과 영어 방송을 보는 것도 좋다. 특히 신문은 최근 일어난 일을 다루므로 관련 어휘력, 시사 상식, 비판적 사고력을 기르기에도 좋다. 어린이 대상의 영자 신문은 아이들에게 친숙한 주제 위주로 구성되어 있다. 평소에 교과서 정독으로 개념어 지식과 배경지식이 있다면 이런 비문학 자료도 접근하기 어렵지 않다.

반대로 말하면 평소에 교과서도 읽지 않고 비문학에 관심도 없던 아이가 바로 영자 신문을 읽기는 어렵다. 이런 경우는 얼마 못 가 포장도 뜯지 않은 신문지가 쌓일 가능성이 높다. 앞서도 말했듯이 초등 중학년 정도부터 한글 어린이 신문을 먼저 읽히며 신문 읽기에 익숙해지게 만드는 것이 좋다.

대표적인 어린이 영자 신문으로는 〈키즈타임즈〉와 〈NE Times〉가 있다. EBSe 영자 신문 코너에서는 두 신문의 분야별 기사가 월 2회 업데이트된다. 기사의 단어, 음성 파일, 해석본까지 모두 무료로 활용할 수 있다. 무료 자료를 먼저 활용해보고 지속할 만하면 신문을 구독하는 것이 좋다. 무료 샘플도 신청할 수 있고, 각 신문사 홈페이지에서는 음성 파일과 부가적인 활동도 제공한다.

신문이나 방송 기사를 읽거나 들을 때는 모르는 단어 없이 정독해야 한다. 주 1회, 기사 1개만 가지고 신문 읽기를 해봐도 효과를 톡톡히 볼 수 있다. 모든 기사를 다 읽으라고 강요하지 말자. 아이가 흥미로운 기사를 찾아 읽게 하고 그중 1개만 제대로 정독하면 충분하다. EBSe 영자 신문 코너의 기사는 다음과 같이 활용할 수 있다.

영자 신문

EBSe 영자 신문

〈키즈타임즈〉

〈NE Times〉

① 먼저 스크립트를 출력해서 읽는다. 모르는 단어는 바로 사전을 찾지 말고 표시하며 읽고 다 읽은 후 사전으로 뜻을 확인한다(탑재된 단어장도 이용).

② 음성 파일로 들으며 눈으로 스크립트를 읽는다. 이때 원어민이 끊어 읽는 부분에 '/'표시를 하며 듣는다.

③ 소리 내 읽은 후, 다시 낭독하며 녹음한다.

④ 내 녹음 파일과 원어민 음성 파일을 들으며 발음, 억양이 어색한 부분을 확인하고 그 문장만 다시 낭독한다.

⑤ 스크립트의 몇 군데에 괄호를 쳐 다시 출력한 후 받아쓰기 자료로 활용한다.

⑥ 음성 파일만 들으면서 괄호 안을 채워본다. 괄호 개수를 늘려 여러 번 할 수도 있다.

⑦ 영작으로도 활용 가능하다. 한글 해석만 보고 영작해본 다음, 내가 쓴 글과 원문을 비교한다. 오류는 색깔을 달리하여 표시하고 다시 한번 맞는 표현으로 써본다.

🎓 영어 방송 듣기

수준을 좀 더 높이고 싶다면 BBC Learning English의 '6 Minutes English'섹션을 추천한다. 두 진행자가 하나의 주제를 가지고 6분 동안 대화하는 콘텐츠로 인공지능, 기후위기, 건강 등 우리 삶과 밀접한 이슈를 다루기 때문에 더욱 유용하다. 매주 목요일에 스크립트,

주제, 퀴즈, 어휘 목록과 함께 음성 파일이 업데이트된다. 앞에서 제시한 신문과 동일하게 활용해보자. 어린이를 위해 어휘 수준을 조정한 자료가 아니기 때문에 어린이 영자 신문보다 어휘 수준이 높으며 수준에 따라 중·고등학생도 활용하면 좋을 자료다. 웹사이트에 다른 광고가 뜨지 않는 것도 장점이다. BBC라 영국식 악센트로 대화가 이뤄지는 점은 참고하자.

6 Minute English

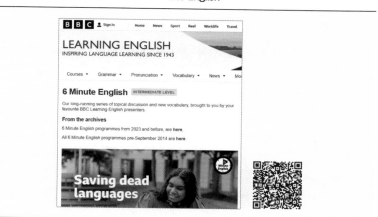

🎓 TED Ed 활용하기

다양한 주제의 영어를 접할 수 있는 비영리 단체 TED(Technology, Entertainment, Design) 강연도 유용하다. TED Talks는 성인 대상이라 아이들이 보기는 어렵다. 아이들에게는 주제와 연령별로 적합한 영상들을 따로 모아 제공하는 TED Ed를 추천한다. TED 영상과 함께 다른 교육 영상도 함께 모아 주제별, 수준별로 제공하며 시간도 5분 내외로 짧다.

TED Ed 홈페이지에서 영상은 다음과 같이 선택한다. 메뉴 상단의 Discover에서 Lessons를 클릭한다. 왼쪽에 보이는 Subject를 클릭하고, 오른쪽에 보이는 filter by에서 Student level 중 Elementary/Primary를 선택한다. 영상을 클릭하면 오른쪽에 Watch, Think, Dig Dipper, Discuss 메뉴가 보인다. Think는 영상을 보고 풀 수 있는 객관식 문제가 나온다. Dig Dipper는 영상에 활용된 자료를 보여준다. Discuss는 이 영상에 대해 실제로 사람들이 댓글로(영어) 토론하는 곳으로 누구든 참여할 수 있다.

TED Ed

TED Ed 영상의 전체 스크립트는 유튜브 채널에 가야 받을 수 있다. TED Ed 영상 위쪽에 표시된 제목을 누르면 해당 영상의 유튜

브로 연결된다. 유튜브 영상의 '더보기'를 눌러 하단에 '스크립트 표
시'를 누르면 해당 영상의 스크립트가 영상 오른쪽에 나타난다. TED
Ed 강연은 어른이 함께 보기도 좋다. 부모가 평소에 관심 주제의
TED 영상을 보면 아이도 흥미를 보일 것이다.

입시 대비
영어 학습 시작하기

🎓 단어장 활용하기

읽고 쓰기가 가능해진 다음 영어 실력의 성패를 가름하는 요소는 어휘력이다. 하루에 수십, 수백 개씩 영단어-뜻풀이, 이런 식의 단순한 매칭 구조로 암기시키라는 말이 아니다. 이런 방식의 암기는 기억에 오래 남지 않고 외운 단어를 실제 문장에서 활용하기도 어렵다. 같은 단어라도 문맥에 따라서 다른 뜻으로 활용되거나 비슷하지만 뉘앙스에 따라 다르게 쓰여야 하기 때문이다. 공부의 효율성이 떨어지는 것은 물론이고 아이가 영어에 흥미를 잃게 만드는 주범이다.

단어는 문맥 안에서 예문과 함께 익혀야 한다. 가장 좋은 방법은 아이가 읽고 있는 교재나 원서의 문장으로 단어를 익히는 것이다. '다섯 손가락 법칙'에 따라 수준에 맞는 원서나 교재를 읽히면서 모르는 단어를 형광펜으로 표시한다. 표시한 단어와 해당 단어가 들어 있는 문장을 리딩로그에 함께 쓴 다음 사전에서 해석과 품사를 찾아 적어둔다. 책을 다 읽고 나서는 해당 책의 리딩로그만 쭉 읽는다. 아이가 흥미로워하는 책이라면 여러 번 읽혀도 좋다.

리딩로그에서 단어만 분리하면 아이만의 단어장이 된다. 일반 공책이나 수첩에 영단어, 품사, 영어 예문, 해석 순서로 칸을 나눠 적는다. 해석을 맨 마지막에 적는 이유는 공책 끝을 접어 뜻풀이가 보이지 않게 하기 위해서다. 여러 번 눈으로 읽게 한 뒤, 해석 부분은 접어서 보이지 않게 하고 문장을 읽을 때 해당 단어 뜻을 이해했는지 점검한다. 영단어 앞에는 작은 네모를 그려 외운 단어를 표시해나간다. 다음번에는 못 외운 단어 위주로 학습한다.

단어 학습서도 '영단어-뜻풀이'만 나온 것 말고, 문장 안에서 단어를 익힐 수 있도록 구성한 것을 활용한다. 요즘은 초등학교 영어 교육 과정에 나오는 800단어를 익힐 수 있도록 구성된 단어 학습서도 많이 나왔다. 여유가 있다면 하루 한두 장씩 풀어보자.《읽기만 해도 저절로 외워지는 초등 영단어》,《초등 영단어, 단어가 읽기다》같은 교재는 문장과 문맥 안에서 초등학교 필수 영단어를 익힐 수 있도록 구성되어 단어 학습 입문서로 좋다. 어휘 습득이 빠른 아이라면 수준에 따라 중학년부터 쓸 수 있다.

6학년 여름방학쯤에는 중학생용 단어집을 하나 시작하자. 예비 중학생, 혹은 중1 수준의 단어집부터 시작해본다. 예문이 풍부하고 활용 방법이 나온 책이 좋다.《중학 영단어 단어가 읽기다》시리즈나

《60일 만에 마스터하는 중학 필수 영단어 1200》같은 책으로 가볍게, 그러나 매일 한두 장씩 꾸준히 하기를 권한다. 양이 적더라도 매일 꾸준히 반복 학습하는 것이 중요하다. 중·고등학교에 가면 초등학교 때와 비교할 수 없을 만큼 많은 단어와 만나게 되는데 벌써 단어 암기에 지치게 하면 안 된다. 효율성도 떨어지니 단어는 조금씩 자주, 예문 안에서 보는 것이 가장 확실한 암기법임을 잊지 말자.

원서 읽기를 늦게 시작한 고학년 아이라면 애초에 학습 쪽에 무게를 싣고 단어 학습과 원서 읽기를 병행하는 것이 좋다. 고학년은 영어 공부의 필요성도 알고 있으며 집중력, 인지 능력 면에서 유리하다. 본인에게 의지가 있다면 단어 학습서, 독해 문제집을 최대한 활용하면서 함께 원서를 읽어보자.

🎓 독해 교재로 공부하기

앞서 크게 2가지 교재를 예로 들었는데(158쪽 참고) 이외 다른 교재들도 비슷한 기준으로 선택한다. 237쪽의 영어 자료표에서 《Link》시리즈와 《Bricks Reading》시리즈를 독서 레벨 지수를 기준으로 묶어두었다.《Insight Link》와《Subject Link》는 주제별로 융합된 다양한 지문을 접할 수 있고, 아이 수준에 맞게 단계별로 활용할 수 있다. '청독-낭독-묵독-단어 정리-다시 한번 빠르게 읽기' 순으로 지문을 반복해서 읽히며 읽기 속도를 높이자.

📖 문법 공부, 언제 어떻게 시작해야 좋을까

초등 고학년이 되면 입시 영어 준비에 대한 고민이 시작된다. 그 고민의 첫 단계가 바로 '문법'이다. 문법은 언어학자들이 그 언어의 체계를 분석하여 명시적으로 정리해놓은 규칙이다. 언어가 먼저 있고 규칙은 후에 정리된 것이다. 언어가 변하면 문법도 변한다. 문법이 절대 불변의 고정적인 것이 아니라는 뜻이다.

한국어 문법은 정식 교육 과정에서 언제 배울까? 문법이 과목으로 분류되는 건 고등학교 때고, 품사는 중학교 1학년 2학기에 배운다. 초등학교 국어에서 문법 내용은 5학년 1학기에 문장 구성 성분을 배우면서 주어, 목적어, 서술어가 처음 등장한다. 문법 용어는 추상적인 개념을 설명하기 위한 것으로 모두 한자어다. 문법을 이해하려면 추상적인 개념을 이해해야 한다. 국어 품사 교육이 중학교 과정인 것도 학생의 인지 수준을 고려한 것이다.

개인적으로 중·고등학교 때 배운 영문법과 성인이 되어 배운 《Grammar in Use》같은 영어권 영문법서 사이의 괴리감을 크게 느끼며 의문이 들었다. 품사와 시제 같은 내용은 비슷했으나 중·고등학교 때 그토록 중요하게 배운 5형식은 없었다. 실제로 영어를 사용할 때도 5형식을 떠올린 기억은 거의 없다. 그럼 5형식이란 어디에서 온 걸까?

문장 5형식의 개념은 영국의 언어학자 찰스 탤벗 어니언스C. T. Onions가 1904년 처음 제시했다. 이후 1917년 호소에 이쯔키가 일본에 소개한 뒤 일본 학교에 급속도로 퍼졌고 일제강점기 때 한국 영어 교육에 그 개념이 그대로 도입되었다.[46] 100년도 더 전에 발표되어 일제강점기에 들어온 이론이 우리나라 영어 문법 교육에서 아직도 큰 비중을 차지하고 있다. 정작 영어권에서는 거의 다루지 않는데 말이다. 필자가 영문법 전문가는 아니기 때문에 자세히 말하기는 어렵지만, 영어 학습자이자 교육자로서 영문법 교육이 영어를 잘하는 데 실질적으로 도움이 되는 방향으로 나아갔으면 하는 바람이다.

그럼 영어 교과서에서는 문법을 어떻게 다룰까? 초등 영어 교과서에는 문법이 명시적으로 등장하지 않는다. 그렇다고 문법 내용이 없지는 않다. 'can', 'will' 같은 조동사, 과거 시제, 불규칙 동사, 명사의 단·복수, 비교급 같은 문법이 적용된 지문이 나온다. 문장 속에서 어떤 경우에 단어의 모습과 위치가 어떻게 달라지는지를 설명할 때 문법이 필요하다.

국어 교육 과정에서 문법 관련 용어가 처음 나오는 때는 5학년 1학기 '글쓰기의 과정' 단원에서 '호응 관계가 알맞은 문장 쓰기'를 배우면서부터다. 이때 주어와 서술어 개념이 처음 나온다. 그래서 영어 문법을 시작하는 최소한의 시기를 5학년 여름방학부터로 본다. 중학교 입학 전에 한 번은 영문법 개념을 살펴볼 필요가 있다. 하지만 아이의 수준과 상황에 따라 6학년 때부터 시작해도 괜찮다. 5학년 때부터 시작한다면 입문용으로 쉽게 설명된 책부터 보자. 제일 중요한 것은 아이가 궁금해할 때가 그 문법을 공부할 타이밍이다.

영문법서는 한국어로 설명된 교재와 영어로 설명된 교재, 두 종류가 있다. 장단점이 있지만 처음 영문법을 접할 때는 한국어 교재를 먼저 보는 것이 좋다. 문법을 이해하려면 한국어 용어와 설명에 익숙해져야 하기 때문이다. 그 뒤에 영어로는 같은 개념이 어떻게 설명되는지 보는 것이 효율적이다.

문법 중에서도 가장 기본인 품사를 설명하는 책부터 보는 것이 좋다. 《비주얼 씽킹 초등 영문법》은 그림 설명, 구조화가 잘 되어 있어 문법 입문용으로 좋고 무료 동영상 강의도 들을 수 있다. 그 뒤에 《혼공 초등영문법 8품사편》,《혼공 초등영문법 기초구문편》을 차례로 보거나 《초등 영문법 문법이 쓰기다》를 보는 것도 좋다. 모두 동영상 강의를 제공한다. 방학 때 완독하고 다음 학기에는 마친 교재로 복습, 그 다음 방학에 다음 단계 문법 책을 보는 식으로 공부하자.

한글 기초 영문법서를 본 뒤에 《My First Grammar》,《Grammar Cue》,《Grammar Stage》,《Grammar in Mind》 등의 초등학생 대상의 영어 문법서를 보면 영어로 문법을 어떻게 설명하는지 감도 잡을 수 있고 한글 문법서와 비교할 수도 있다. 문법은 한 번에 끝낸다기보다 예문을 보고 반복적으로 문제를 풀며 내 것으로 만들어야 한다.

🎧 영어 말하기 연습하기

발음, 억양, 강세 같은 세부적인 부분을 넘어 대화를 전제로 한 말하기 연습에는 크게 2가지가 있다. 특정 상황에서 주고받는 대화문을 연습하는 '패턴 드릴Pattern Drill'과 어떤 주제에 대해 자유롭게 이야기하는 '프리토킹Free Talking'이다. 교과서에 나오는 대화문 연습이나 AI를 기반으로 한 말하기 연습 앱은 기본적으로 패턴 드릴이다. 프리토킹은 주어진 대화문 연습이 아닌 주제를 가지고 실제 의사소통을 하는 것이다.

그럼 처음부터 실제 의사소통에 더 가까운 프리토킹을 연습하는 것이 좋을까? 결론부터 말하면 어휘, 문장, 표현하고자 하는 생각이 머릿속에 많이 없는 상태에서는 비효율적이다. 원어민 대면 수업, 화상 영어는 언제 이용하는 것이 가장 효율적일까? 어떤 주제에 대해 자기 생각을 자신 있게 말할 수 있고(이는 한국어 말하기 실력과도 관련이 깊다) 어느 정도 영어 어휘와 문장 입력이 쌓였을 때 대면이나 화상 회화 수업이 효과적이다. 발음이 걱정이라면 AI펭톡이나 다른 말하기 연습 앱 또는 프로그램에서도 교과서나 교재에서 배운 대화문을 자연스러운 억양, 발음으로 충분히 연습할 수 있다.

초등 3학년 전후로 영어 그림책 낭독, 북 트레일러 만들기, AI펭톡 등을 활용해왔다면 말하기가 많이 어색하지는 않을 것이다. 그렇다면 5학년 정도에 화상, 대면 영어 말하기 프로그램을 시도해봐도 좋다. 뭐든지 아이가 원할 때가 가장 적기이다.

📖 교재를 활용해 쓰기 연습하기

쓰기는 생각을 조직하여 글로 표현하는 과정이다. 4학년 무렵부터 꾸준히 영어 교과서 지문의 한글 해석 보고 영작하기, 영어 일기 쓰기와 리딩로그 쓰기를 해왔다면 어느 정도 영어 문장이 머릿속에 쌓였을 것이다. 5학년부터는 좀 더 체계적으로 주제에 맞는 다양한 글쓰기를 시도하자. 교재의 도움을 받더라도 5, 6학년 영어 교과서의 지문은 기본으로 잡고 가야 한다. 4학년 때보다 5학년 교과서는 지문 길이나 어휘 수가 훨씬 많아진다. 매 단원 디지털 교과서의 지문 해석을 보며 스스로 영작하고 원문과 비교하는 습관을 꾸준히 들이자.

쓰기 교재는 문법 사항을 확인할 수 있고, 생각 조직하기, 예시 문을 보고 쓰는 유도 글쓰기를 체계적으로 할 수 있는 장점이 있다. 《My First Writing》 같은 쓰기 교재를 학기 중에는 주 2회, 방학 중에는 좀 더 빈도를 늘려서 풀어보자.

중학년 때부터 쓰기를 연습해왔다면 교재 첫 권은 쉽게 느껴질 수도 있다. 그래도 부족한 부분은 없는지 살펴보고, 교재의 체계에 익숙해지기 위해 첫 권부터 풀어보는 게 좋다. 쉬운 교재는 시작할 때 자신감을 주기도 하지만, 아이 성향에 따라 지루해할 수도 있으니 교재는 아이와 직접 서점에 가서 보고 선택하자. 이때는 아이의 선택을 존중하되, 선택한 교재는 끝까지 풀게끔 해야 한다.

집에서 영어를 학습할 때 가장 어려운 영역이 말하기와 쓰기다. 체계적이고 즉각적인 피드백을 받기가 어렵기 때문이다. 그런데 이

런 불편함을 해소할 강력한 도구가 나타났다. 바로 챗GPT다. 챗GPT
가 무엇인지, 가정에서 초등학생 영어 지도에 있어 어떻게 활용하면
좋을지 알아보자.

챗GPT, 가정에서
영어 학습에 활용하기

챗GPT는 미국의 비영리 단체 OpenAI가 2022년 11월 30일에 공개한 대화형 AI 챗봇이다. 무료 버전 배포 불과 두 달여 만에 사용자 1억 명을 넘겼다. 그 후로 업데이트를 계속해 2023년 6월에 유료 버전 4.0까지 나왔다. 논문, 코딩, 작곡, 작사, 시, 소설처럼 창의력의 영역으로 여기던 분야에서까지 순식간에 결과물을 만들어내지만 결과 값의 오류(원문 사실 여부 반드시 확인 필요), 저작권 침해, 윤리적인 문제 등 우려도 많다. 학생들이 글쓰기 과제에 챗GPT를 이용하거나 심지어 미국 변호사가 챗GPT가 준 가짜 판례를 써서 제재받았다는 뉴스까지,[47] 그야말로 뜨거운 감자다. 뉴욕시는 학교에서 챗GPT 사용을 금지하기도 했다.[48]

챗GPT는 '프롬프트Prompt'라 불리는 명령어 입력에 따라 무궁무진한 결과값을 만들어낸다. 그래서 필요에 맞게 구체적이고 명확하게 질문하는 능력이 무엇보다 중요하다. 한국어도 지원하지만, 기본 언어인 영어로 질문할 때 한국어보다 답변의 질이 더 높다. 하지만 평범한 초등학생이 혼자 영어로 질문하기는 어렵다. 그럼 부모가 어떻게 도움을 줄 수 있을까? 우선 챗GPT에 대해 부모가 먼저 알아야 한다.

시중에 이미 챗GPT와 관련된 자료가 수없이 많다. 그중에서도 서울디지털재단에서 2023년 5월 발행한 〈통합편: 일상 활용·업무 활용, 챗GPT 활용 사례 및 활용 팁〉은 여러 분야에서 챗GPT가 어떻게 활용되는지 개괄하기에 좋다. 챗GPT 활용 분야를 일상생활(법률 자문, 건강 상담, 심리 상담, 진로 상담, 육아 관련 상담 등), 창작 활동(글쓰기, 음악 작업, 그림 이미지 생성), 교육 분야(교육 지도 가이드, 주요 교과목 학습보조 도구)로 나눠 분야별로 제시한다.

현재까지 시중에 나온, 영어 학습에서 챗GPT를 활용하는 법을 가장 자세히 안내한 책은《조이스박의 챗GPT 영어공부법》이다. 각종 상황에서 바로 사용할 수 있는 프롬프트와 영어 학습의 각 영역에서 활용하는 팁이 상세히 실려 있다. 프롬프트에 따라서 단어장, 단어 퀴즈를 만들 수도 있다.

두 자료에서 제시한 프롬프트 중 영어 학습에서 특히 유용한 것은 'Act as an English teacher~(영어 선생님처럼 ~해줘)'라는 단서를 붙여주는 것이다. 서울디지털재단의 보고서에서도 챗GPT를 영어 교사처럼 행동하게끔 하는 명령어를 활용하라는 지침을 찾아볼 수 있다.

아이가 쓴 영어 일기나 영어 작문을 교정받고 싶을 땐 챗GPT에게 다음과 같이 프롬프트를 주면 된다. "Please proofread revise(또는 edit) this writing of a child with reading level AR(해당 레벨 지수) and give explanation in Korean. Act as an English teacher for this child(독서 레벨 지수가 (해당 레벨 지수)인 아이의 다음 글을 교정해주고, 한국어로 설명해줘. 이 아이를 위한 영어 선생님처럼 말이야)." 틀린 문법을 고쳐달라고 할 수도 있지만 문법과 적절한 표현 등을 모두 고려해 더 나은 글로 써달라고 한 다음 전후를 비교하는 것이 더 효과적이다.

266쪽은 앞의 프롬프트를 주고 초등학생 영어 일기를 챗GPT에게 교정해 달라고 했을 때 결과값이다. 3.5 버전보다 4.0 버전이 더 정확하고 상세히 설명해준다. 참고로 챗GPT는 똑같은 질문을 넣더라도 결과가 매번 조금씩 다르게 나온다.

HY Please proofread this writing of a child with reading level AR 1.3, and give explanation in Korean. Act as an English teacher for this child : I got up at 8 today morning. I was late school.
I couldn't have brekfast, so I was very hungry.
But I was also happy, because I had PE class. PE class is my favorite.
We played dodge ball, and our team won. I catch the ball three times. I want to play again tomorrow. But PE class is three times a week. I want to have PE class everyday.

The corrected text:

"This morning, I woke up at 8, but I was late for school. I couldn't have breakfast, which made me very hungry. However, I was also excited because I had PE class, my favorite. We played dodgeball and our team won. I caught the ball three times. I wish I could play again tomorrow, but PE class only takes place three times a week. I wish we could have PE class every day."

Now, let me provide the explanation in Korean:

"오늘 아침에는 8시에 일어났는데 학교에 늦었습니다." - 'I got up at 8 today morning'을 'This morning, I woke up at 8'으로 수정하였습니다. 'Today morning'은 부적절한 표현입니다. 'This morning'이나 'at 8 in the morning'과 같은 표현을 사용하는 것이 더 자연스럽습니다.

"아침을 못 먹어서 배가 많이 고팠습니다." - 'I couldn't have brekfast'을 'I couldn't have breakfast'으로 올바르게 수정하였습니다. 'Brekfast'는 잘못된 철자입니다.

"그런데도 행복했는데, 그 이유는 체육 수업이 있었기 때문입니다." - 'But I was also happy'를 'However, I was also excited'으로 수정하였습니다. 'But' 대신 'However'를 사용하면 더 자연스러운 전환을 만들 수 있습니다.

"체육 수업에서는 공을 피하는 게임을 했고, 우리 팀이 이겼습니다." - 'We played dodge ball'에서 'dodge ball'을 'dodgeball'로 합쳐서 썼습니다. 두 단어를 합쳐서 쓰는 것이 일반적입니다.

"공을 세 번이나 잡았습니다." - 'I catch the ball three times'를 'I caught the ball three times'으로 과거 시제로 바꿨습니다.

"내일도 또 게임을 하고 싶지만, 체육 수업은 일주일에 세 번뿐입니다." - 'But PE class is three times a week'에서 'But'을 삭제하고 '체육 수업은 일주일에 세 번뿐입니다.'로 수정하였습니다.

"나는 매일 체육 수업이 있었으면 좋겠습니다." - 'I want to have PE class everyday'에서 'I wish we could have PE class every day'로 수정하였습니다. 'Wish'를 사용하면 '하고 싶다'보다는 '하길 바라다'의 느낌이 강하게 나타납니다. 또한 'everyday'는 부적절한 표현입니다. '매일'이라는 뜻을 나타내기 위해 'every day'를 사용해야 합니다.

챗GPT를 사용할 때는 먼저 한국어 버전으로 아이가 자유롭게 사용하게끔 하고, 부모가 그 과정을 함께한다. 사용하고 나서는 느낌을 나눠본다. 그다음에는 영어 버전으로 실행해서 아이 스스로 간단한 질문이라도 던지게 한다. 똑같은 질문이라도 한국어로 할 때보다 영어로 할 때 답변이 훨씬 풍부하고 질이 높다는 것을 보여주는 것도 괜찮다. 챗GPT와 영어로 대화하고 싶은 의지를 북돋워주는 것이다. 영어로 바로 질문하기 어려울 때는 한국어 질문을 쓰고 그 뒤에 아래처럼 덧붙이게 한다.

"Translate this sentence in English, please(이 문장을 영어로 번역해줘)."

챗GPT는 자체 기능 외에 확장 프로그램과 플러그인을 설치하면 그 기능이 계속 확장되는 것이 특징이다. 그 기능과 가짓수 또한 빠른 속도로 늘어나고 있다.

확장 프로그램을 설치하면 챗GPT와 음성 대화도 가능하다. 크롬 웹브라우저에 'Talk-to-ChatGPT'를 검색해 설치하면 챗GPT 화면 오른쪽 상단에 'Talk-to-ChatGPT' 상자가 나타난다. 이 기능을 이용하면 마이크에 영어로 말한 내용이 자동으로 텍스트로 변환되어 입력된다. 챗GPT가 텍스트로 대답하면 Talk-to-ChatGPT를 통해 음성으로 변환되어 스피커로 나온다. 이때 설정에서 'AI voice and language'를 영어권 국가로 설정해줘야 자연스러운 악센트로 문장을 들을 수 있다.

이렇듯 챗GPT는 영어 학습에 도움을 주는 유용한 도구가 될 수 있다. 활용 방안도 앞으로 계속 늘어날 것이다. 단, 초반에 사용할 때는 보호자가 함께할 필요가 있다. 컴퓨터 사용과 영어로 읽고 쓰는 것이 어느 정도 익숙한 고학년부터 사용하기를 추천한다.

우리 아이들은 챗GPT와 같은 AI 기술과 함께 성장하는 세대다. 기술 활용의 중요성은 앞으로 더욱 커질 것이다. 그러나 어린 시절이 아니면 익힐 수 없는 더 중요한 것이 있다. 아이들은 안정된 환경에서 사랑받고, 그 나이에 맞는 활동을 충분히 해야 한다. 보호자와의 안정된 관계 속에서 절제와 인내하는 법도 배워야 한다. 영어는 그런 과정 속에서 자연스럽게 받아들여야 한다. 이 책을 읽는 모든 부모가 아이와 함께하는 시간 동안 이를 꼭 기억하길 바란다.

영어와 함께
성장하는 아이들

우리나라에서 교육 문제를 이야기할 때 항상 그 중심에는 입시가 있다. 본격적인 입시는 중학교 때 시작되지만, 초등학교에 입학하기 전부터 입시를 위해 선행 학습을 하는 아이들도 많다. 그러나 선행 학습은 필수가 아니다. 학교에서 하는 초등 공부는 쉬우니 진짜 공부는 학원에 가서 해야 한다는 것도 잘못된 생각이다. 우선 학교 공부에 충실하고 사교육은 부족한 게 있을 때 도움을 받는 정도여야 한다.

초등 저·중학년은 12년간의 입시 레이스 중 가장 학습 부담이 적을 때다. 입시를 위해 힘을 쏟기보다 아이의 발달 단계에 맞는 학습과 더불어 충분한 신체 활동과 수면이 필요한 시기이다. 또한 아이가 정서적으로 안정된 상태에서 자기 생각과 감정을 부모에게 자연스럽게 표현할 수 있어야 한다. 책은 부모와 아이가 정서적으로 교류하고 유대감을 쌓는 데 유용한 매체다.

유독 어린 시절을 강조하는 이유는 아이가 4학년 정도만 돼도 공부는 물론 가족과의 대화 습관을 새로 들이기 어렵기 때문이다. 아이와 함께할 수 있는 시간은 생각보다 짧고 초등 고학년이나 중학생이 되면 아이들은 부모 품에서 벗어나기 시작한다. 이때부터는 초등 저·중학년 때 자리 잡은 습관이 자기 주도적 학습을 결정한다. 아이와 긴 시간을 보낼 수 있을 때 대화를 통해 질서와 규칙을 세워주고 스스로 행동하게끔 동기를 부여하는 것이다. 영어 공부도 그 바탕 위에서 시작해야 긴 시간을 꾸준히 이어나갈 수 있다.

특히 영어는 긍정적인 인식과 경험을 쌓는 것이 무엇보다 중요하기 때문에 함께 책 읽고 대화하며 아이와 교감하는 시간이 많이 필요하다. 부모와 자녀가 오늘 할 수 있는 만큼 최선을 다하며 다시는 오지 않을 이 시간에 좋은 추억을 쌓는다고 생각하자. 어릴 때부터 아이의 흥미와 수준에 맞춰 꾸준히 영어 자료를 듣고 읽는 습관을 만들어야 영어 학습도 효과적으로 할 수 있다.

부모와의 정서 교류만큼 중요한 게 바로 성취감이다. 학교는 아이들이 집을 제외하고 가장 긴 시간을 보내는 곳이다. 아이들은 그 시간에 성공을 자주 경험해야 한다. 일상에서 작은 성공을 자주 경험한 아이들은 자신감이 생기고, 어려운 일에도 도전하려고 한다. 학교 수업의 대부분은 교과서를 읽고 이해한 후 문제를 해결하고 공유하는 활동으로 이루어진다. 이를 위해서는 읽고 표현하는 능력이 중요하다. 책 전반에서 영어 학습 방법과 더불어 한글 독서, 공부 습관을 강조한 이유다. 이 습관은 어릴 때 가정에서 부모의 지도와 도움 없이는 기를 수가 없다.

이 책을 보면서 오히려 부담감을 느꼈다면 최소 6~10년의 과정을 다루고 있다는 것을 기억하자. 조급해하지 말고 아이와 부모가 지금 할 수 있는 것을 한 가지라도 실천한다면 이 책을 읽은 시간은 헛되지 않다. 마음껏 밑줄 긋고 메모하며 각자의 나침반으로 활용하자.

무엇보다 아이와 부모가 영어 환경을 만드는 과정에서 좋은 경험과 관계를 쌓기를 바란다. 더불어 지나친 사교육으로 아이가 영어를 싫어하지 않기를, 무엇보다 영어가 세상을 살아가는 데 든든한 무기가 되기를 진심으로 바란다.

주석

01) 〈2022년 초중고 사교육비 조사 결과〉, 통계청 보도자료, https://www.korea.kr/
news/pressReleaseView.do?newsId=156556112

02) "2023 수능, 국어 쉽고 수학·영어 어려웠다 .. 재수생·이과생 초강세", 주간교육신문,
2022년 12월 8일, http://www.edupress.kr/news/articleView.html?idxno=9813

03) "6월 모의평가, 작년 '불수능'만큼 어려웠다…미적분 등 선택과목 '쏠림' 심화", 경향신
문, 2022년 7월 5일, https://khan.co.kr/national/education/
article/202207051537001#c2b

04) 〈What are the top 200 most spoken languages?〉, https://www.ethnologue.
com/insights/ethnologue200/

05) 〈초·중등학교 교육 과정 총론〉, 교육부 고시, 제2015-74호 [별책 14], p.5

06) 정승익, 《어머니, 사교육을 줄이셔야 합니다》, 메이트북스, 2023, p.257

07) 〈The first 20 hours -- how to learn anything | Josh Kaufman | TEDxCSU〉,
https://www.youtube.com/watch?v=5MgBikgcWnY&t=655s
조시 카우프만, 《처음 20시간의 법칙》, 알키, 2014

08) 지나영, 《세상에서 가장 쉬운 본질육아》, 21세기북스, 2022, p.56~57

09) 한경 경제용어사전, https://dic.hankyung.com/

10) 〈Top ten nursery rhymes〉, The Guardian, 6 October 2009, https://www.
theguardian.com/education/gallery/2009/oct/02/nursery-rhymes-top-ten

11) 〈Tips to Help Your Child Enjoy Reading Aloud〉, America Academy of Pediatics,
https://www.healthychildren.org/English/ages-stages/gradeschool/school/
Pages/Help-Your-Child-Enjoy-Reading-Aloud-Tips-for-Parents.aspx?_
ga=2.38950499.1133577613.1677070235-1227061162.1677070235&_
gl=1*1okrpvm*_ga*MTIyNzA2MTE2Mi4xNjc3MDcwMjM1*_ga_FD9D3XZVQQ*MT
Y3NzA3MDIzNC4xLjEuMTY3NzA3MDI4My4wLjAuMA..

12) 매리언 울프, 《다시, 책으로》, 어크로스, 2019, p.198

13) 〈생애 주기별 디지털윤리 교육 학부모 가이드북〉, 아름다운디지털세상, https://ainse.

kr/front/archive/archiveDetail.do

14) 〈Media and Young Minds〉, America Academy of Pediatics, 1 November 2016, https://publications.aap.org/pediatrics/article/138/5/e20162591/60503/Media-and-Young-Minds

15) 이임숙, 《4~7세보다 중요한 시기는 없습니다》, 2021, 카시오페아, p.7

16) 이병민, 《당신의 영어는 왜 실패하는가?》, 우리학교, 2014, p.233

17) H.DOUGLAS BROWN, 《외국어 학습·교수의 원리》, 2007, 피어슨에듀케이션코리아, p.327; Stephen Krashen 1981:100, 재인용

18) 〈Little Miss Muffet〉, https://www.poetryfoundation.org/poems/46957/little-miss-muffet

19) 조이스 박, 《조이스박의 오이스터 영어교육법》, 스마트북스, 2022, p.77~83

20) 김윤정, 《EBS 당신의 문해력》, EBS BOOKS, 2021, p.101

21) 전경란, 《미디어 리터러시의 이해》, 커뮤니케이션북스, 2015

22) "미디어 리터러시, 우리 모두에게 중요합니다!", 대한민국정책브리핑, 2021년 2월 19일, https://www.korea.kr/news/reporterView.do?newsId=148883920

23) "quality time", Cambridge Dictionary, https://dictionary.cambridge.org/diction-ary/english/quality-time

24) 이주연, 〈OECD 아동복지지표를 통해 본 아동의 삶의 질〉, 한국보건사회연구원, 보건복지포럼 2016년 5월 통권 제235호, p.91~106, https://repository.kihasa.re.kr/bitstream/201002/16058/1/2016..05%20No.235.09.pdf

25) "초록우산재단 설문 결과 국내 아동, 가족과 함께 보내는 시간 일평균 '13분'", 데일리굿뉴스, 2018년 5월 1일, https://www.goodnews1.com/news/articleView.html?idxno=80514

26) 스타니슬라스 드앤, 《글 읽는 뇌》, 학지사, 2017, p.50

27) 노경희, 《영어책 읽듣기의 기적》, NE능률, 2021, p.229

28) 조이스 박, 앞 책, p.59

29) 〈About Lexile® Measures for Reading〉, LEXILE, https://lexile.com/educators/understanding-lexile-measures/about-lexile-measures-for-reading/

30) 〈About Lexile Codes〉, LEXILE, https://lexile.com/parents-students/find-books-at-the-right-level/about-lexile-text-codes/

31) 〈Measuring Growth With Lexile Measures〉, LEXILE, https://lexile.com/educators/measuring-growth-with-lexile/

32) 〈Renaissance EdWords ATOS〉, Renaissance, https://www.renaissance.com/edword/atos/

33) 〈Guided Reading Level(GRL)〉, https://clubs.scholastic.com/on/demandware.store/Sites-rco-us-Site/default/Product-ReadingLevels

34) 〈Accelerated Reader to Lexile Conversion Chart〉, https://curriculumtechnology.files.wordpress.com/2014/02/ar_lexile_conversion1.pdf

35) 〈About the Common European Framework of Reference for Languages (CEFR)〉, Cambridge University Press & Assessment, https://www.cambridgeenglish.org/exams-and-tests/cefr/

36) 〈2022 개정 영어과 교육 과정〉, 교육부 고시 제2022-33호, 2022.12.22

37) "2025년에 수학·영어·정보·국어(특수교육) 'AI 디지털교과서' 우선 도입", 대한민국정책브리핑, 2023년 6월 8일, https://www.korea.kr/news/policyNewsView.do?newsId=148916075&pWise=mSub&pWiseSub=B8#policyNews

38) 〈Randolph Caldecott Medal〉, American Library Association, https://www.ala.org/awardsgrants/randolph-caldecott-medal-1

39) 〈Theodor Seuss Geisel Award〉, American Library Association, https://www.ala.org/alsc/awardsgrants/bookmedia/geisel

40) 노경희, 앞 책, p.209

41) 〈Leitner system〉, Wikipedia, https://en.wikipedia.org/wiki/Leitner_system

42) 매리언 울프, 앞 책, p.203

43) 조지은, 안혜정, 최나야, 《영어의 아이들》, 사이언스북스, 2021, p.213

44) 〈2022년 초중고 사교육비 조사 결과〉, 통계청 보도자료, https://www.korea.kr/news/pressReleaseView.do?newsId=156556112

45) https://twitter.com/btscharts_spain/status/1635026878217191426/photo/1

46) 한학성, 〈영문법에서 문장 5형식 개념의 기원 및 적절성에 관한 연구〉, 한국외국어대학교 영미연구소, 제19집, 2008, p.153~182

47) "미국 변호사, 챗GPT가 준 '가짜 판례' 이용했다 제재", KBS뉴스, https://news.kbs.co.kr/news/view.do?ncd=7706736

48) "ChatGPT banned from New York City public schools' devices and networks", NBC NEWS, https://www.nbcnews.com/tech/tech-news/new-york-city-public-schools-ban-chatgpt-devices-networks-rcna64446

읽기, 듣기, 쓰기로 완성하는 초등 학년별 영어 공부 전략

영어 문해력을 키우는 루틴의 힘

초판 1쇄 인쇄 2024년 1월 30일
초판 1쇄 발행 2024년 2월 6일

지은이 정현진

대표 장선희 **총괄** 이영철
책임편집 오향림 **기획편집** 현미나, 한이슬, 정시아
책임디자인 최아영 **디자인** 김효숙
마케팅 최의범, 임지윤, 김현진, 이동희
경영관리 전선애

펴낸곳 서사원 **출판등록** 제2023-000199호
주소 서울시 마포구 성암로 330 DMC첨단산업센터 713호
전화 02-898-8778 **팩스** 02-6008-1673
이메일 cr@seosawon.com
네이버 포스트 post.naver.com/seosawon
페이스북 www.facebook.com/seosawon
인스타그램 www.instagram.com/seosawon

서사원은 독자 여러분의 책에 관한 아이디어와 원고 투고를 설레는 마음으로 기다리고 있습니다.
책으로 엮기를 원하는 아이디어가 있는 분은 이메일 cr@seosawon.com으로 간단한 개요와 취지,
연락처 등을 보내주세요. 고민을 멈추고 실행해보세요. 꿈이 이루어집니다.